정재승 글

KAIST에서 물리학으로 학사, 석사, 박사 학위를 받았습니다. 예일대학교 의과대학 정신과 박사후 연구원, 고려대학교 물리학과 연구교수, 컬럼비아대학교 의과대학 정신과 조교수를 거쳐, KAIST 뇌인지과학과 교수와 융합인재학부 학부장을 맡고 있습니다. 주된 연구 주제는 의사 결정의 신경 과학, 뇌-로봇 인터페이스, 정신 질환의 대뇌 모델링, 대뇌 기반 인공 지능이며, 다보스 포럼 '2009 차세대 글로벌 리더', '대한민국 근정포장'을 수상했습니다. 저서로 《정재승의 과학 콘서트》(2001), 《열두 발자국》(2018) 등이 있습니다.

차유진 글

과거 엄청난 사건으로 엉망이 되어 버린 아우레를 어떻게 하면 멋진 행성으로 되돌릴 수 있을까, 매일 고민하는 걱정쟁이 소설가. 계원예술대학교와 한국콘텐츠진흥원 등에서 스토리 작법을 가르쳤고, 〈레너드 요원의 미스터리 보고서〉 시리즈를 기획했습니다. 〈애슬론 또봇〉, 〈정글에서 살아남기〉, 〈엉뚱발랄 콩순이와 친구들〉 등 다수의 TV 애니메이션 시나리오를 쓴 건 비밀 아님. 《알렉산드로스, 미지의 실크로드를 가다》(2012), 《우리 반 다빈치》(2020) 등 여러 권의 책을 펴냈습니다.

김현민 그림

일찍이 유럽으로 시장을 넓힌 대한민국의 만화가. 대학에서 산업디자인을 전공한 뒤 어릴 때 꿈을 찾아 만화가가 되었습니다. 프랑스 앙굴렘 도서전에 출품한 것을 계기로 프랑스 출판사에서 《Archibald 아치볼드》라는 모험 만화를 만들고 있습니다. 인간이 아닌 괴물이나 신기한 캐릭터 등 상상력을 발휘할 수 있는 그림을 좋아합니다. 지구와 아우레를 오가며 재미있는 그림을 그리느라 몸은 지구에서 벗어날 수 없지만, 머릿속은 항상 우주의 여행자가 되고 싶은 히치하이커.

백두성 감수

고려대학교에서 지질학으로 학사, 고생물학으로 석사 학위를 받고 박사 과정을 수료했습니다. 2003년 서대문자연사박물관 건립부터 학예사로 활동하였고, 2013년부터는 전시교육팀장으로 지질 분야 전시 및 교육, 광물과 화석에 대한 기획전을 개최했습니다. 도서관 과학 강연 "10월의 하늘"과 어린이책 감수를 통해 대중에게 과학을 알려 왔습니다. 노원천문우주과학관 관장으로 우주를 연구하다, 현재는 기업 그래디언트에서 인공 지능을 이용해 과학을 쉽게 전달할 플랫폼을 개발하고 있습니다.

어린이를 위한 호모 사피엔스 뇌과학

8 대륙의 탐험가 호모 사피엔스

글 차유진 정재승 | 그림 김현민 | 감수 백두성

아울북

펴내는 글

《인류 탐험 보고서》를 시작하며

시간 여행으로 지구의 과거들을 넘나들며 좌충우돌 탐험하는 라후드와 라세티의 매력 속으로

《정재승의 인간 탐구 보고서》, 재미있게 읽고 있나요? 아우레 행성에서 온 아우린들과 함께, 우리 '인간'들을 잘 관찰하고 있지요? 외계인의 눈으로 인간을 탐구하는 세상의 모든 독자 여러분들께 머리 숙여 진심으로 감사드립니다. 꾸벅.

많은 독자들이 《인간 탐구 보고서》를 읽고 또 즐겨 주시면서 라후드의 인기가 점점 치솟고 있습니다. 아우레 행성의 외계문명탐험가 라후드는 볼수록 매력적입니다. 빨리 걷는 건 너무 싫어하고요, 그냥 가만히 앉아서 생각하는 것을 훨씬 더 좋아하죠. '인간들은 참 이상하다'고 투덜거리면서도, 항상 인간에 대한 호기심으로 가득 차 있고 심지어 인간들을 점점 닮아갑니다. 이미 입맛은 거의 지구인일걸요! 게다가 매사 합리적인 아우린이지만, 점점 감정적인 인간들에게 조금씩 끌리는 것도 같습니다. 이 덩치 큰 허당 외계인 라후드는 인간을 관찰하면서 인간들을 더 깊이 이해하고 결국 사랑하게 되지 않을까 조심스럽게 기대하게 되는, 정이 가는 외계인입니다.

라후드의 조상을 만나다

그래서 저희가 라후드를 사랑하는 독자분들을 위해 '선물'을 드리는 마음으로《인류 탐험 보고서》를 출간하게 됐습니다. 아우레 행성의 탐험가들은 어떻게 해서 우리 곁에 오게 됐는지 그 과거로의 여행을 보여 드리고자 합니다. 원래 아우레는 인공 항성을 만들어 에너지를 얻고 공간을 관통하는 웜홀도 자유자재로 생성해 내어 다른 은하계까지 마음대로 여행할 수 있을 만큼 놀라운 문명을 가지고 있었거든요. 그런데 지구에서 데려온 생명체 '쿠'라는 녀석 때문에 한순간 아우레 행성은 멸망의 위기에 빠지고 말죠. 결국 아우레를 구하기 위해 라후드의 조상 라세티는 300만 년 전 지구로 떠나게 됩니다.

수만 년 전 혹은 수백만 년 전, 지구는 어떤 모습이었을까요? 그 속에서 인류의 조상들은 어떻게 살고 있었을까요? 외계인들도 신기하지만 그 시기의 인간 조상들도 매우 낯설게 느껴지겠지요?《인류 탐험 보고서》에서는 원시적인 인류의 조상 호미닌들을 만난 최첨단 시간여행 탐험가 아우린들의 흥미로운 모험담이 펼쳐집니다.

뇌과학에서 생물인류학으로

《인간 탐구 보고서》에서 아우레 탐사대와 함께 지구인들을 관찰하면서 뇌과학의 정수를 맛보고 계신 독자분들께 이번에는 '생물인류학'을, 좀 더 정확하게 말하자면 '고고신경생물인류학'이라는 학문을 소개하려고 합니다. 라후드의 조상 라세티가 우주선을 타고 시간 여행을 하면서 지구에서 만나게 되는 건 지금의 우리가 아니라 우리의 조상들이니까요.

이 책에선 라후드의 조상만이 아니라 우리의 조상들이 등장합니다. 지금의 인간이 아닌, 수만, 수십만, 수백만 년 전의 호미닌(Hominin, 현생인류 혹은 현생인류와 가까운 근연종들을 일컫는 말)은 어떤 뇌를 가지고 있었으며, 어떻게 진화해 지구에 생존하게 됐는지 뇌과학적이면서도 인류학적인 관점에서 보여 드릴 겁니다. 또 신경생물학적인 원리들을 이용해서 인류의 과거를 머릿속으로 '상상'해 내는 과정을 여러분들에게 직접 보여 드릴 거예요. '고고신경생물인류학'이라니, 이름만 들어도 무지 어렵고 복잡하고 무시무시해 보이지만, 실제로 이 학문을 통해서 우리는 수만 년 전의 인간이 어떻게 살았는지에 대해 흥미로운 답을 찾아낼 수 있습니다.

역사를 좋아하는 어린이들과 청소년들에게 상상력을!

《인류 탐험 보고서》는 뇌과학을 좋아하는 어린이들만이 아니라 역사를 좋아하는 청소년들까지도 즐길 수 있는 책일 거라 확신합니다. 역사는 인문학이고 과학과는 상당히 멀게 느껴지지만, 사실 역사야말로 굉장히 과학적인 학문이에요. 역사적인 사료나 그 시기의 작은 단서들만으로 인류 조상들이 수만 년 전에 어떻게 살았는지 머릿속으로 상상하고 역사적인 사실을 복원해 내거든요. 그러기 위해서는 그 시절에 사용했던 그릇 하나로 그 시대 사람들의 일상을 추적하는 과학적인 사고가 매우 필요합니다. 그래서 저는 '생물인류학'이야말로 그 어떤 학문들보다도 근사한 과학이라고 생각합니다. 여러분들이 이 책을 통해 그 과학의 정수를 맛보았으면 좋겠습니다.

이 책에 등장하거나 묘사되는 인류 조상들의 모습은 우리가 정답처럼 받아들여야 하는 절대적인 사실 혹은 진리가 아닙니다. 현재 남아 있는 뼛조각, 두개골의 모양, 그리고 그들이 남겨 놓은 유적과 유물, 이런 작은 단서만으로 "그 당시 인류는 이렇게 살았을 것이다."라고 추측한 것일 뿐입니다. 잘못된 부분이 있다면 여러분들이 고쳐 주세요. 오늘날의 과학 수사대가 사건 현장의 단서만으로 범인을 추적하는 것처럼, 여러분들 모두가 생물인류학 '탐정'이 돼서 과거 조상들을 머릿속으로 그려 보고 중요한 단서들을 해석해 주세요. 저는 그 상상력의 힘이 여러분들을 훌륭한 과학자의 길로 인도하리라 믿습니다.

우리는 어디서 왔을까? 우리 문명은 어떻게 가능했을까?

최근에 뇌과학자들은 우리 인간들과 다른 유인원들 사이의 흥미로운 차이점을 발견했습니다. 우선 놀랍게도, 두세 살 정도의 어린 시절에 우리 인간들은 대형 유인원들, 그러니까 오랑우탄이나 침팬지, 고릴라 같은 존재들과 지능적으로는 별로 차이가 없다는 것입니다. 그들도 우리 못지않게 지능적으로 발달해 있고, 우리만큼 여러 가지 지적인 행동들을 한다고 합니다.

그렇다면 어떻게 우리는 이렇게 거대한 지적 문명을 이루고 복잡한 현대사회를 만들어 냈을까요? 또 호모 네안데르탈렌시스나 호모 에렉투스, 호모 하빌리스 같은 우리의 가까운 친척들은 왜 지금까지 생존하지 못하고 모두 멸종했을까요?

이 질문에 단서를 찾기 위해서는 과거 호모 사피엔스들의 뇌가 대형 유인원들과 무엇이 달랐고, 또 이미 멸종한 다른 호미닌들과는 무엇이 달랐는지를 찾아봐야겠죠. 흥미로운 것은 우리가 그들보다 뇌의 크기가 커서 이렇게 근사한 문명을 만들어 낸 줄 알았는데, 사실 뇌의 크기는 중요한 게 아니었다는 겁니다. 오히려 서로 흉내 내고 함께 도와주면서 사회적으로 학습하는 능력, 그러니까 내가 알고 있는 걸 친구들에게 가르쳐 주고, 내가 모르는 걸 친구들로부터 배우면서 같이 협력하는 것이 약하디약한 인간이 이 위대한 문명을 만드는 데 아주 결정적인 기여를 했다는 걸 과학자들이 조금씩 알게 됐습니다.

저는 이런 인류의 진화 과정을 어린이들과 청소년들에게 가르쳐 주고 싶었어요. 인류에게 지난 수십만 년 동안 벌어져 온 일들이 지금도 여러분들의 뇌에서 벌어지고 있다는 걸 일러 주고 싶었어요. 그렇게 친구들끼리 서로 돕고 함께 학습하는 능력이 우리 호모 사피엔스의 위대함이라는 사실을요!

생물인류학으로 다시 만든 과거 속으로!

《인간 탐구 보고서》가 현재 우리의 모습을 이해하기 위해 뇌과학과 심리학의 입장에서 우리의 현재 모습을 낯설게 관찰하기를 시도했다면,《인류 탐험 보고서》에선 여러 유인원들 중에서 오직 호미닌만이, 그중에서도 호모 사피엔스만이 고도의 문명을 이루게 된 배경을 외계인의 시선으로 다시 한번 들여다볼 예정입니다.

아주 낯선 인류 조상과 친숙하면서도 낯선 외계인들의 만남이 만들어 낼 좌충우돌 이야기 속에서 우리의 과거를 흥미롭게 만나 보시길 기대합니다. 사랑스런 라후드의 조상이 시간을 거슬러 탐험하는 과정에서 여러분도 인류의 과거를 발견하고 탐험하게 될 것입니다.

저는《인류 탐험 보고서》에서 세상의 모든 어린이들과 청소년들이 '보이지 않는 과거를 과학적으로 상상하는 능력'을 가졌으면 좋겠습니다. 그것이 우리 삶을 더욱 풍성하게 해 줄 것입니다. 138억 년 동안 진화해 온 우주 속에서 100년 남짓 살아가는 작은 생명체 지구인들이 누릴 수 있는 가장 고상한 경험은 '수십만 년 동안 살아온 인류의 과거를 생생하게 상상하는 경험'일 테니까요.

자, 함께 탐험을 떠나 보자구요!

정재승 (KAIST 뇌인지과학과+융합인재학부 교수)

차례

프롤로그 14
대장의 자격

말더의 탐사일지 140
여덟 번째 보고서, 2만~5천 년 전 지구에서 덜덜 떨다

🔥 **1화** 눈보라에 갇히다 24

🔥 **2화** 꿈속의 아이 40

🔥 **3화** 새로운 친구, 마을 늑대 58

🔥 **4화** 매머드를 따라서 74

🔥 **5화** 드러난 땅, 미지의 대륙 90

🔥 **6화** SOS! 위기의 탐사대 108

🔥 **7화** 지구 동물 실종 사건 120

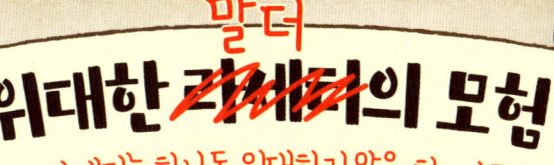

위대한 ~~라세티~~ 말더 의 모험

by 말더

※ 라세티는 하나도 위대하지 않음. 하~나도!

뭐야, 탐사일지?
빠다가 바쁘다며 나한테 던져 주던데….
내가 이런 거나 적고 있을 만큼 한가한 줄 알아?
그래도 이왕 차례가 돌아왔으니 몇 자 끄적여 볼까?

어쩔 수 없이 이 모험에 함께하고는 있지만,
도대체 이 넓은 지구에서 어떻게 쿠를 찾겠다는 건지….
얘들을 보고 있으면 한심하기 짝이 없다니까.

게다가 그것 말고도 문제가 하나 더 터졌어.
인피니티가 반란을 일으킨 거지!

그렇지만 내가 호락호락하게 당해 줄 아우린은 아니잖아?
인피니티, 어디 한번 네 뜻대로 날뛰어 보시지!

나는 **말더**. 아우레의 쓰레기 상인이지.
한때는 키벨레의 수석 연구원이었지만…
이젠 과거일 뿐이야.
날 속인 라세티와 캔, 빠다를 응징하려고
지구에 왔다가 사정이 생겨서 잠시 동행하고 있어.
(절대로 좋아서가 아니야!)
두고 봐, 반드시 얘들한테 한 방 먹여 주고
키벨레 관장 자리를 차지하고 말 거니까!

이 녀석은 **라세티**야.
언제 어디서나 사건 사고를 몰고 다니는
사고뭉치지. 잠깐이라도 조용하다 싶으면
곧바로 일이 터진다니까.
평화롭게 살고 싶다면 라세티 근처 10미터 안에는
접근하지 않는 게 좋을 거야.
가까이에 있다간 어떤 골치 아픈 일에
휘말리게 될지 모르니 말이야!

캔은 나와 사사건건 부딪치는 앙숙이야. 우리는 아우레에서 쓰레기 거래를 할 때부터 한눈에 서로를 알아봤지. 저 녀석, 나의 천적이구나! 그렇지만 함께 지내다 보니 미처 몰랐던 면들도 보이더라. 의외로 예술적 조예가 깊다거나? 그렇다고 얘가 마음에 든다는 건 아니고, 흥!

아우리온 선장 겸 엔지니어 **쿠술미**는 언제나 기계 생각뿐인 괴짜 아우린이야. 시도 때도 없이 아우레에 두고 온, 가장 아끼는 공구 박스 이야기를 늘어놓더라고. 드라이버나 망치 같은 게 왜 좋다는 건지 당최 이해가 안 된다니까.

내가 키벨레 이인자 자리에서 쫓겨난 것도, 이런 변두리 행성에서 이 고생을 하는 것도 따지고 보면 모두 **빠다** 때문이야! 내게는 철천지원수 같은 아우린이지만, 같은 과학자로서 빠다의 뛰어난 능력만큼은 인정할 수밖에 없지. 쳇!

말더 님의 이야기를 시작한다!
눈을 떴더니 인피니티의 심술궂은 얼굴이….

프롤로그

대장의 자격

1화

눈보라에 갇히다

취이익—.

아우리온이 흰 연기를 내뿜으며 착륙했다. 탐사대는 얼른 창밖을 내다보았다.

"우아!"

눈앞에 펼쳐진 광경에 저절로 감탄사가 튀어나왔다. 탐사대가 설원이라 착각하고 착륙한 곳은 단단히 언 호수 위였다. 바다만큼 넓은 호수가 반짝반짝 눈부시게 햇빛을 반사하고 있었다. 얼음 아래로 물결이 일었다.

황폐해진 아우레에서는 평생 모은 쓰레기를 몽땅 주고도 보기 힘들 절경이었다. 맑고 깨끗한 자연에 홀딱 반한 라세티는 모험심이 발동했다.

"애들아, 우리 그동안 너무 열심히 일한 것 같지 않아? 잠깐 여기서 놀다 가면 어때? 물장구도 치고!"

"물장구라고? 난 물이 우주에서 제일 싫어! 결사반대!"

"나도 싫어. 라세티, 네 녀석은 어떻게 머릿속에 놀 궁리밖에 없냐?"

캔과 말더는 팔을 휘휘 저으며 싫은 기색을 내비쳤다.

"헹, 너희가 안 가면 나 혼자라도 나갈 거야. 저 아름다운 풍경을 보고 어떻게 가만있겠다는 거야!"

단, 물을 좋아하는 쿠슬미는 달랐다. 물놀이 생각에 벌써 입이 귀에 걸려 있었다. 쿠슬미가 촉수를 붕붕 흔들었다.

"나도, 나도! 저렇게 넓고 깨끗한 물을 그냥 지나치는 건 물에 대한 예의가 아니지!"

인피니티가 말했다.

"잘됐군. 마침 쿠를 찾으러 나갈 선발대를 뽑을 참이었다. 명령한다. 먼저 자원한 라세티, 쿠슬미에 대원 한 명이 추가로 나가서 쿠를 찾도록. 남은 둘은 위급 상황에 대비해서 아우리온에 남는다. 선발대가 될 마지막 한 명은……."

 외부 출입문을 열자마자 아우리온 안은 냉동고가 되어 버렸다. 라세티가 급히 문을 닫으며 말했다.

 "으어어, 냉동 아우린이 될 뻔했어! 여기 날씨 왜 이래?"

 "외부 기온 영하 30도. 체감 온도 영하 40도. 현재 강풍이 불며 북동쪽에서 거대한 먹구름이 빠르게 접근 중. 기상이 더 악화되기 전에 쿠를 찾아야 한다. 선발대는 어서 출발할 것!"

"이 추위에 어떻게 나가라는 거야! 지금 나갔다간 다 얼어 죽을 텐데!"

새로운 대장 인피니티는 칼처럼 단호했다.

"라세티, 네가 먼저 나가겠다고 했다. 다시 말하지. 선발대원은 총 셋이다. 라세티, 쿠슬미 그리고……."

인피니티가 말을 끝맺기도 전에 쿠슬미가 냉큼 발을 뺐다.

"생각해 보니 난 아우리온 상태를 점검해야 해서 못 가겠다! 요즘 유독 잔고장이 많단 말이야. 어휴, 바쁘다, 바빠."

그러자 살살 눈치 보던 캔도 말했다.

"인피니티, 난 빼 줘! 난 추위에 약하단 말이야! 저런 날씨에 나갔다간 관절이 다 굳어서 멈춰 버리고 말걸? 그냥 고철 덩어리가 되어 버린다고!"

다음에는 말더까지.

"나도 싫어. 난 애초에 너희를 도울 생각은 요만큼도 없어! 날 내보내 봐야 너희 일에 방해만 될 거야."

마지막으로 빠다는…….

"쿨…… 쿨……."

이미 잠들어 있었다. 아니, 잠든 '척'이었다.

"관장님! 진짜 이러시기예요?! 아까까지 말똥하신 거 다 봤거든요?!"

라세티가 소리를 빽 지르자 빠다는 머쓱한 얼굴로 감았던 네 눈을 슬며시 떴다.
　"으흠흠, 그리 티가 났느냐? 라세티, 변명 같지만 나도 무리야. 나는 말이다, 저런 추운 날씨에는 견딜 수가 없는 몸이야. 한 발자국만 나가도 동면에 빠지게 될 거라고."
　탐사대의 핑계를 듣던 인피니티가 상황을 종합했다.
　"결정 완료. 빠다, 쿠슬미는 아우리온에 남는다. 라세티, 캔, 말더, 지금 즉시 출발하도록!"
　"뭐?!"
　캔과 말더가 더 항의할 겨를도 없이, 로봇 팔이 선발대의 뒷덜미를 턱 붙잡고는 열린 문으로 휙 던져 버렸다.

불쌍한 라세티와 캔, 말더는 결국 쿠슬미가 던져 준 오라클만 손에 든 채 허허벌판, 아니 '허허설원'에 버려지고 말았다.

티끌 하나 없는 파란 하늘, 얼음 결정이 보석처럼 주렁주렁 매달려 찬란한 빛을 내뿜는 나뭇가지들은 이제 눈에 들어오지도 않았다.

오히려 주위는 을씨년스러웠다. 쌩쌩 몰아치는 칼바람에 나무들이 우우우 하고 우는 소리, 나뭇가지에 쌓인 눈들이 후드득 떨어지는 모습이 셋을 불안하게 만들었다. 그뿐만이 아니었다. 몸서리치도록 차가운 공기에 저도 모르게 이가 따다닥 맞부딪쳤다. 온몸이 털로 뒤덮인 라세티마저 한기에 덜덜 떨 지경이었다.

"지, 지, 지금껏 지구의 온갖 날씨를 많이 겨, 경험했지만, 이번이 최, 최, 최, 최악이다! 으드드드드드."

갑자기 곁에 있던 캔이 바닥으로 툭 떨어졌다.

"라, 라, 라세티, 나 좀 업어 줘. 관절이 어, 얼어서 뜨질 못하겠어. 난 추, 추위가 우주에서 제일 싫다고."

"아까는 무, 물이 가장 싫다더니. 흐드드드드."

"아, 아무래도 안 되겠어. 이러다간 저, 정말로 죽어 버릴지도 모, 몰라……. 잠깐 바, 바, 바람이라도 피할 만한 곳을 찾아보자."

그것은 커다란 뿔이 달린 네 발 생명체였다!

녀석은 구릿한 똥 냄새만을 남기고 유유히 자리를 떴다. 볼일을 보고 난 후의 아주 편안한 얼굴로.

캔이 야단법석을 떨었다.

"똥, 똥이잖아! 내가 우주에서 제일 싫어하는 게 똥인데!"

"아까는 추위라며?"

지독한 똥 냄새가 셋의 몸에서 진동했다.

"으아아, 코가 마비될 것 같아! 어디 씻을 데 없나?"

"그래, 아까 그 호수! 호수로 가서 씻자!"

안타깝게도 호수는 두껍게 얼어 있었다.

"얼음을 깨야 들어갈 수 있을 텐데."

라세티가 얼음을 깰 뾰족한 돌을 찾아 두리번거렸다.

"정말로 이 안에 들어가려고? 들어가자마자 얼어 버릴걸!"

"어쩔 수 없잖아……. 차가운 물에 뛰어들기는 싫지만 이렇게 똥 냄새를 폴폴 풍기고 다니는 게 더 싫어."

콰지직! 드디어 얼음이 부서지며 차가운 물이 출렁였다.

"캔, 너 먼저 들어갈래?"

"싫어! 너나 들어가. 난 절대로 안 들어가."

사실, 라세티도 망설여지긴 했지만…….

"으으, 그래도 냄새나는 것보단 낫겠지! 에라, 모르겠다!"

　정말로 냄새가 씻긴 건지 아니면 코가 얼어서 냄새를 못 맡게 된 건지는 몰라도, 다행히 구린내는 사라졌다. 얼음물을 뒤집어쓴 말더도 덕분에 깨끗해졌다며 만족해했다.

　라세티가 여전히 똥 냄새를 풀풀 풍기는 캔을 향해 코를 틀어막고 말했다.

　"캔, 너도 좀 씻으라니깐! 냄새가 나서 같이 못 다니겠어."

　말더도 캔에게서 멀찍이 떨어졌다.

　"내 주변 10미터 안으로는 절대 다가오지 마라."

　그러나 캔은 고집을 꺾지 않았다.

　"너희가 내 정교한 몸을 이해할 리가 없지! 난 냄새보다 나사 사이로 물이 들어가는 게 더 큰일이거든? 쿵쿵. 똥 냄새도 자꾸 맡으니 참을 만한데 뭐, 흥!"

그때 오라클이 반짝이며 아우리온에서 보내온 지도가 떠올랐다. 인피니티가 추정한, 두 발 생명체가 모여 있을 것으로 보이는 곳을 표시한 지도였다. 지도 위엔 커다란 글씨가 적혀 있었다.

선발대!
임무를 반드시 완수할 것!
실패하면 두 번 다시 아우리온에 태우지 않을 것임!
- 탐사대장 인피니티 -

"인피니티 녀석, 대장이 됐다고 신났네. 흥, 반드시 쿠를 찾아서 코를 납작하게 해 주겠어!"

세 아우린은 지도가 가리키는 방향으로 바람을 뚫고 걸어갔다. 갈수록 바람과 눈발이 거세졌다. 허리까지 쌓인 눈에 발이 푹푹 빠져 걷기도 힘들었다. 셋은 지쳐 갔다. 꽁꽁 언 몸은 마음처럼 움직이지 않았다. 캔이 제일 힘들어했고, 말더도 기진맥진했다. 앞장서던 라세티가 고드름이 가득 매달린 입으로 간신히 한마디를 뱉었다.

"으으, 추워……. 얘들아, 힘내……. 아주 조금만 더 가면 될 것 같아."

그런데 뒤가 이상하게 조용했다.

라세티가 돌아보니 말더와 캔은 한참 뒤에서 비틀거리고 있었다.

"이제 더는 못 가……. 힘이 점점 빠지고 있어……."

털썩. 말더가 쓰러졌다.

"나도……. 우리 그만 돌아가자……. 너무 추워……."

털썩. 캔이 쓰러졌다.

"얘들아…… 일어나……. 그렇게 누워 있으면……."

털썩.

꿈속의 아이

비몽사몽한 라세티의 눈에 뿌연 눈발을 뚫고 저벅저벅 누군가가 다가오는 것이 보였다. 아우린은 아닌 것 같았다. 가물가물해서 얼굴이 잘 보이지 않았다.

"누…… 누구야……?"

녀석은 라세티의 코앞까지 와서 명랑하게 말을 건넸다.

너는 이곳에 사는 생명체가 아니구나.

라세티는 천근만근 무거운 눈꺼풀을 간신히 들어 올렸다.

"나는…… 아우레에서 왔어……. 너는 사, 사랑엔스니?"

아이는 추운 날씨에 어울리지 않는 얇은 천 하나만 대충 휘감아 몸을 가리고 있었다.

"너…… 춥지 않아? 옷도 안 입고……. 그러다 병나……."

"아니, 오히려 더운걸? 뜨거운 햇살 때문에."

사랑엔스 아이는 그렇게 말하며 환하게 웃었다.

라세티는 아이의 얼굴을 자세히 보고 싶었지만, 자꾸만 눈이 감겨서 그럴 수가 없었다. 그런데 신기하게도 아이의 흐릿한 얼굴이 어쩐지 친근하다는 느낌이 들었다.

"우리…… 만난 적 있어? 혹시 루시……? 아니면…… 모로인가?"

아이는 대답하지 않고 빙긋 웃기만 했다.

그리고 어디서 났는지, 긴 막대기를 꺼내 눈 위에 큼지막하게 그림을 그렸다. 삐뚤빼뚤한 선이 마치 지도 같았다.

아이가 한 지점을 가리켰다.

"나는 여기에 있어. 그냥 네가 알아 두면 좋을 것 같아서."

라세티의 시야는 점점 아득해졌다. 너무 피곤하고 졸려서 더는 눈을 뜨고 버틸 수 없었다.

"잘 안 보여……."

그 말을 끝으로, 라세티는 까무룩 기절해 버렸다.

얼마가 흘렀을까.

라세티의 온몸이 마구 흔들리는 느낌이 들었다. 그리고 또, 저 멀리서 희미하게 누군가가 부르는 소리가 들렸다.

"……티! 라……티! 라세티!"

라세티가 번쩍 눈을 떴다. 주변을 둘러보니 쓰러져 있던 눈밭이 아닌, 처음 보는 곳이었다.

그곳은 사랑엔스들의 거처였는데 지금까지 봐 온, 동굴 같은 곳은 아니었다. 동물 가죽과 뼈로 직접 지은 반구 형태의 구조물이었다. 이름을 붙인다면 '뼈 움막'이라는 말이 딱 맞을 듯했다.

가운데에서 피어오르는 모닥불의 온기가 따스했다. 모닥불 위에 얹힌 물건 안에서는 고소한 냄새를 풍기는 국물이 보글보글 끓고 있었다.

어리둥절한 라세티에게 캔이 자초지종을 설명해 주었다.

"여기 사랑엔스들이 우리를 구해 줬어."

그들은 호숫가에 사는 사랑엔스들이었다. 사냥감을 찾아 정찰을 나왔다가 눈밭에 쓰러진 세 형체를 발견했다고 한다. 처음에는 이상한 짐승이라고만 생각했으나, 끙끙대며 뭐라고 중얼거리는 라세티가 범상치 않다고 생각해 이곳으로 데려왔다는 것이다. 캔은 잊지 않고 잔소리까지 덧붙였다.

"촌계야, 덩치는 산만 한 녀석이 체력이 그렇게 약해서 어떡해? 이 정도 추위에 픽픽 쓰러지기나 하고 말이야!"

말더도 한마디 얹었다.

"그러게. 맨날 하는 우주 체조, 소용없는 거 아니야?"

'뭐? 먼저 쓰러진 게 누군데!'

라세티는 이렇게 확 소리치려다가 그대로 다시 쓰러졌다. 꼬르르륵. 라세티 배에서 나는 소리가 움막 안에 메아리쳤다.

그릇 깨지는 소리와 함께 어색한 정적이 흘렀다.

아우린들은 흘끔흘끔 사랑엔스들 눈치를 보았다.

사랑엔스들은 화를 내지는 않았지만, 깨진 그릇 조각을 아까운 듯 만지작거렸다.

자신과 친구들을 구해 준 생명의 은인에게 도움을 주지는 못할망정 민폐나 끼치다니. 라세티는 미안한 마음에 배고픔이 싹 가셔 버렸다.

"미안……. 그렇게 뜨거운 줄 몰랐어……."

"괜찮아. 어쩔 수 없지. 또 만들면 돼. 시간은 좀 걸리겠지만. 쩝……."

사랑엔스들의 씁쓸한 표정이 가슴을 무겁게 짓눌렀다.

"그럼 나한테 맡겨 줘. 이것보다 더 멋진 그릇을 만들어서 너희한테 선물해 줄게, 응?"

사랑엔스들은 괜찮다고 손을 설레설레 저었지만, 라세티는 계속 우겼다.

"캔, 말더! 너흰 예술적 감각이 좋으니까 더 잘 만들 수 있지? 사자 신 조각을 만들었을 때처럼 말이야! 애들이 우리를 구해 줬다며? 그릇을 왕창 만들어서 보답해 주자고."

고집을 피우기 시작하면 끝까지 하고야 마는 라세티 성격을 잘 아는 캔과 말더가 결국 그릇 만들기에 동의했다.

사랑엔스들도 마지못해 허락했다.

"좋아, 그릇 만드는 법 가르쳐 줄게. 따라와."

선발대를 그릇 만드는 곳으로 안내하려고 일어서는 사랑엔스의 팔을 라세티가 덥석 붙잡았다.

"잠깐만!"

사랑엔스들이 안내한 움막에는 그릇의 재료인 흙이 잔뜩 쌓여 있었다.

라세티와 캔, 말더는 흙더미 옆에 둘러앉았다. 가장 먼저 할 일은 그 속의 이물질들을 골라내는 것이었다.

흙 속에서 자갈, 조개껍데기, 나뭇가지가 끝도 없이 나왔다. 다 끝냈다고 생각하고 보여 줄 때마다 사랑엔스들은 매의 눈으로 미처 빼내지 못한 이물질을 찾아내서 연신 "다시! 다시!" 하고 외쳐 댔다.

눈이 뻑뻑하고 침침한 지경에 이르러서야 사랑엔스들이 만족할 만큼 곱고 부드러운 흙이 되었다.

흙 고르기 다음엔 흙 밟기의 차례. 고운 흙에 물을 섞어서 만든 반죽을 계속 밟는 단계였다.

"이건 훨씬 쉽겠는데?"

하지만 섣부른 생각이었다. 처음에는 흙장난하듯 신이 났지만, 시간이 갈수록 발끝이 저리고 다리가 아팠다.

"으아아, 언제까지 밟아야 하는 거야?!"

드디어 단단하고 차진 진흙 반죽이 만들어졌다.
라세티가 발라당 뒤로 쓰러졌다.
"이제 끝! 끝이지?! 더 할 것 없지?"
"이제 시작인데?"

사랑엔스들이 진흙 반죽을 한 움큼씩 떼어 내 저마다의 방식대로 그릇을 만들기 시작했다. 한 사랑엔스는 반죽을 조물조물 만지며 그릇 형태를 만들었다. 다른 사랑엔스는 둥근 고리를 여러 개 만들고 차곡차곡 쌓아 붙여서 그릇을 만들었다. 반죽을 긴 밧줄처럼 늘이고 빙글빙글 돌려서 그릇 모양을 잡는 사랑엔스도 있었다.

주물

주물

"이렇게 틀을 잡은 다음, 겉을 매끈하게 다듬는다. 그리고 위에 각자 기억하고 싶은 것을 새겨. 이걸 일곱 개 밤과 낮 동안 말린 뒤에, 단단해지도록 불에 구우면 완성이다."

저마다의 개성이 담긴 그릇이 만들어지는 것을 보니 라세티와 말더, 캔도 손가락이 근질거려 견딜 수가 없었다. 셋은 잽싸게 반죽으로 손을 뻗었다.

흙 한 무더기를 모두 그릇으로 만들고 나니 허기가 찾아왔다. 원래 어떤 일이든 집중해서 열심히 하고 나면 금세 배가 고파지는 법이니까.

그 마음을 읽은 듯 사랑엔스가 물었다.

"밥 더 먹을래?"

"그래도 돼?! 우아아아, 완전 고맙지!"

"옆집에 음식이 차려져 있을 거야. 고생했다."

사랑엔스들과 아우린들은 몇 시간 만에 밖으로 나왔다. 한 자리에서 계속 쭈그리고 앉아 있었더니 온몸이 찌뿌드드했다.

"으~드드드드드드! 허리야!"

라세티가 개운하게 기지개를 켜며 맑은 공기를 한껏 들이쉬었다. 그러자 콧속으로 퀴퀴한 냄새가 쑥 들어왔다.

"윽, 냄새!"

캔의 몸에서는 여전히 똥 냄새가 났다. 한참 동안 마비되어 느끼지 못했던 그 냄새가 깨끗한 공기를 맡고 나니 다시금 라세티의 코를 괴롭히기 시작했다.

"으아아, 캔! 제발 좀 씻어! 네 냄새가 얼마나 지독한 줄 알아? 수백 킬로미터 밖에서도 맡을 수 있겠다! 봐, 사랑엔스들도 질색하는 얼굴을 하고 있잖아!"

그러나 캔은 도리어 더 뻔뻔하게 굴었다.

3화

새로운 친구, 마을 늑대

찰나의 순간, 캔의 눈은 자신에게 달려드는 맹수들을 빠르게 스캔했다.

 게걸스럽게 쩍 벌린 입, 날카로운 이빨, 굶주린 듯 질질 흐르는 침, 커다란 앞발과 거기에 달린 발톱……. 그리고 이렇게 결론을 내렸다. '난 이제 죽었다!'라고.

급하게 달려온 라세티와 말더 눈앞에는 생각과는 다른 장면이 펼쳐져 있었다.

"으아아, 캔 살려! 맹수가 나를 죽이려 해! 끈적끈적한 피가 내 몸을 뒤덮고 있다! 으아아."

그것은 피가 아니라 침이었다. 두 맹수는 캔을 잡아먹으려 하지 않았다. 오히려 장난치자는 듯 캔의 몸을 온통 침 범벅으로 만들고 있었다. 캔이 맹수에게 물어뜯길까 봐 허겁지겁 뛰어온 게 민망할 정도였다.

"야, 너 안 죽어."

"호들갑 그만 떨고 일어나."

캔은 그 말이 안 들리는지 계속 살려 달라고 고래고래 소리를 질러 댔다. 그때, 누군가의 목소리가 들렸다.

"그만! 앉아!"

척, 맹수들이 일제히 자리에 앉았다.

"이리 와!"

맹수들이 저쪽으로 달려갔다.

라세티는 목소리가 난 쪽을 돌아보았다. 사랑엔스의 형체가 탐사대 쪽으로 다가왔다.

"미안해. 얘들이 구릿한 냄새를 좋아해서. 아, 내 이름은 만다르야. 너희는 처음 보는 얼굴이네."

무시무시한 맹수들의 머리를 다정히 쓰다듬는 만다르는 탐사대를 눈보라에서 구해 주었던 호숫가 마을의 사랑엔스들과는 어딘가 다른 분위기를 풍겼다. 지구를 오랫동안 여행해 온 탐사대는 그 미묘한 차이를 느낄 수 있었다.

'그러고 보니 얘는 우릴 보고도 이상하게 생각하지 않네.'

외계인인 자신들을 경계하지 않다니, 라세티는 의아했다.

그런 라세티 생각을 읽기라도 한 듯, 만다르가 말했다.

"나는 모험가야. 해가 사라지는 방향으로 계속 걷다 보니 여기까지 오게 되었지. 이 마을에 잠시 신세를 지고 있어. 이곳저곳 돌아다니다 보면 온갖 특이한 친구들을 많이 만나는데…… 너희도 아주 특별해 보이네?"

"오! 맞아. 우리는 아주아주 멀리서 왔거든. 우리도 너처럼 모험가야. 나는 라세티야. 얘는 말더고, 저 난리 대장은 캔. 만나서 반가워, 만다르."

캔이 훈훈한 분위기에 찬물을 끼얹었다.

"반갑긴! 이 녀석들은 대체 뭐야, 뭐냐고! 이렇게 위험한 짐승들을 데리고 다니다니! 죽을 뻔했잖아!"

캔에게 침을 발라 대던 네 발 생명체들은 언제 그런 일이 있었냐는 듯 만다르 옆에서 아주 의젓하고 위풍당당하게 자리를 지키고 있었다.

만다르가 두 녀석을 사랑스럽게 쓰다듬으면서 말했다.

"그렇지만 얘들은 위험한 야생 늑대랑은 달라. '마을 늑대'거든."

"마을 늑대?"

"마을에서 사는 늑대라고나 할까? 늑대는 늑대인데 우리를 공격하는 사나운 늑대는 아니야. 얘들은 우리 할아버지의 할아버지의 할아버지 때부터 우리와 함께 산 친구들이지."

만다르는 마을 늑대에 관한 설명을 이어 갔다.

"점차 우리와 함께 살아가게 된 늑대를 마을 늑대라고 불러. 얘들은 사냥을 도와주고, 밤새 마을을 안전하게 지켜 줘. 아주 착한 애들이야."

과거 아우레에서 지구 두 발 생명체를 연구하던 과학자 말더의 눈빛이 반짝였다.

"호오, 두 발 생명체가 짐승을 기르기 시작했단 말이지? 제 몸 하나 간수하기도 힘들어하던 녀석들이 다른 동물을 돌볼 능력을 얻었다니, 참 흥미로워. 마을 늑대 다음으로 두 발 생명체의 손에 길들여질 동물은 뭐가 되려나? 조류? 파충류?"

말더가 가설 세우기에 푹 빠져 있을 때, 라세티는 만다르에게 빠져 있었다. 라세티 눈에는 두 짐승을 호령하며 지구 곳곳을 떠돌아다니는 만다르가 너무나 멋져 보였다.

"애들이 그렇게 말을 잘 들어? 정말?"

"그럼! 자, 잘 봐."

"우아~! 나도 해 볼래! 자, 늑대들아! 앉아! 엎드려! 굴러!"

라세티가 똑같이 명령했지만, 마을 늑대들은 그 자리에서 꿈쩍도 하지 않았다.

"왜 내 말은 안 듣지? 얘들아, 앉으라니까! 앉아 보라고!"

으르르르! 자꾸 귀찮게 구는 라세티에게 녀석들이 이빨을 드러냈다. 라세티는 화들짝 놀라 만다르의 뒤에 숨었다.

"흐익! 얘들 무서운 늑대 맞잖아!"

"아직 너랑 안 친해서 그런 거야. 이럴 땐 이게 딱이지!"

만다르가 나뭇가지 하나를 집어 들었다.

"그걸로 뭐 하려고?"

만다르는 씨익 웃으며 나뭇가지를 라세티 손에 쥐어 주었다.

"이거 하나면 얘들이 널 좋아하게 만들 수 있다고."

만다르는 라세티에게 나뭇가지를 멀리 던져 보라고 했다.

라세티는 반신반의하면서도 나뭇가지를 쥔 팔을 뒤로 쭉 뺐다가 있는 힘껏 나뭇가지를 멀리 던졌다.

마을 늑대들은 나뭇가지를 잽싸게 물고 다시 돌아와 라세티 발밑에 가지를 툭 내려놓고는, 꼬리를 정신없이 흔들었다.

"우아, 이 녀석들 눈빛이 180도 달라졌네?"

"또 해 달라는 거야. '물어 와' 놀이를 좋아하거든."

"내가 해 볼래!"

"아니! 이번엔 내가 할래!"

캔이 얼른 나뭇가지를 주워 들었다.

'크크크, 나를 침 범벅으로 만들었겠다? 어디 맛 좀 봐라.'

캔은 머리에서 스프링 머신을 꺼내 나뭇가지를 끼우고, 가장 센 출력으로 발사했다.

그러자 말더가 악당답지 않은 소리를 했다.

"그 새끼들 다시 내려놔. 새끼들 몸에 네 냄새가 배면 어미한테 버림받을지도 모른다고. 저렇게 어린데 이 추위에 버려지면 살아남지 못할걸?"

만다르도 말더 말에 동의했다.

"마을 늑대는 며칠 훈련한다고 만들어지는 게 아니야. 함께 지내는 시간이 아주아주 많이 쌓여야 해. 아마 라세티의 손주의 손주의 손주가 태어날 때까지 기다려야 할 거야."

"그냥 데려다 키운다고 되는 게 아니구나……. 그렇다면 어쩔 수 없네."

라세티가 새끼들을 도로 바닥에 내려놓으려고 할 때였다. 뒤쪽에서 뽀드득 눈 밟는 소리가 났다. 그리고 또 다른 소리가 들렸다.

"크르르르르르……."

작은 소리였지만, 그 속에는 엄청난 적대감과 공격성이 녹아 있었다.

라세티는 온몸에 오소소 소름이 돋으면서 몸속의 피가 차갑게 식는 느낌이 들었다. 굳이 뒤를 돌아보지 않아도 알 수 있었다. 본능이 알려 주고 있었다. 이건…… 아주아주 큰일이 났다는 뜻이라는 걸!

만다르가 작게 속삭였다.

"절대로 돌아보지 마……. 절대로……."

등 뒤에서 싸늘한 존재가 한 발짝 다가오고 있었다.

"얘들아, 쫓아!"

만다르의 명령이 내려지자 마을 늑대들이 번개처럼 으스스한 존재와의 사이를 막아서더니 맹렬히 짖어 대기 시작했다.

"컹! 컹컹! 컹!"

아우린들은 그제야 뒤를 보았다.

야생의 늑대들이 샛노란 눈으로 이쪽을 노려보고 있었다.

야생 늑대는 마을 늑대들과는 비교도 안 되게 사나워 보였다. 두 배는 커 보이는 덩치, 뾰죽하고 날카로운 주둥이, 한 번만 내리쳐도 단번에 몸이 두 동강 날 것같이 큼지막한 발. 무엇보다 얼음장 같은 눈빛은 보는 것만으로 다리에 힘이 쭉 풀리는 듯했다.

이렇게 야생 늑대들을 상대로 마을 늑대들은 용맹하게 맞서고 있었다. 마을 늑대들은 오직 주인인 만다르를 지키겠다는 생각뿐인 듯했다. 만다르에 대한 충성심과 믿음이 두려움을 잊게 한 것이었다.

마을 늑대들이 맹렬하게 저항하자 결국 늑대들은 얼마쯤 일행을 쏘아보다가 제 새끼들만 데리고 물러났다.
　늑대들이 사라지자, 마을 늑대들은 언제 그랬냐는 듯 다시 온순한 얼굴이 되어 꼬리를 살랑살랑 흔들었다.

유창하게 설명을 늘어놓는 말더 곁으로 캔이 다가와 어깨를 툭툭 쳤다.
　"그나저나 말더, 너 좀 착해졌다? 새끼 늑대가 불쌍하다는 말도 하고. 잘난 척이 아직도 남아 있어서 좀 재수 없긴 하지만, 생각보단 좋은 녀석 같아."
　내가 착하다고? 좋은 녀석이라고? 말더의 보라색 얼굴이 붉은색으로 물들었다.
　말더는 캔이 자신을 칭찬하는 것이 어색했다. 가슴이 울렁거렸다. 그러나 기분 나쁜 울렁거림은 아니었다. 부끄러워서 어떻게 반응해야 할지 몰랐다. 그래서 괜히 툴툴댔다.
　"흥, 쓸데없는 소리 집어치워! 그리고 가까이 오지 말아 줄래? 냄새난다니까!"

4화

매머드를 따라서

늑대 무리와의 아슬아슬한 신경전이 끝나고, 라세티 일행은 호수 마을로 돌아왔다. 마을에서는 한바탕 회의가 벌어지고 있었다. 탐사대와 만다르는 심각한 얼굴을 하고 모여 있는 사랑엔스들 사이에 슬그머니 자리를 잡았다.

회의의 주제는 떨어져 가는 식량이었다.

사실 탐사대도 이 진지한 회의가 열리는 데 한몫했다. 예상치 못하게 찾아와 음식을 먹어 치웠으니까. 특히 라세티는 뱃속에 블랙홀이라도 있는 양 음식을 빨아들였다.

사랑엔스들이 돌아가며 말했다.

"고기가 필요하다. 이제 이 근처엔 동물들이 잘 나타나지 않아. 마을을 옮겨야 할 때다."

"맞아. 저기 위쪽에 매머드가 모여 사는 곳이 있대. 매머드들을 쫓아가야 한다."

사랑엔스들은 날이 밝는 대로 곧장 터를 옮기기로 결론 내렸다. 만다르도 나섰다.

"그렇다면 나도 간다. 나도 이 마을에 신세를 졌어. 나와 내 마을 늑대들이 사냥을 도와줄게."

만다르는 탐사대에게도 제안했다.

"너희도 갈래?"

"우리?"

라세티와 캔은 고민에 빠졌다.

사냥이라는 말을 들으면 둘은 힘들었던 기억만 떠올랐다. 에구구 일행의 사냥에 함께했다가 죽기 직전까지 달리기만 했던 일, 네안에나 대장이 거대한 짐승과 함께 낭떠러지로 떨어져 죽을 뻔했던 일 등…….

사냥만 해도 힘든데 이번엔 마을을 통째로 옮겨야 한다니, 이전보다 더한 고생길이 열릴 게 불 보듯 뻔했다.

그렇게 사랑엔스들은 다른 지역으로, 아우린들은 아우리온으로 향하기로 결정한 다음 날, 아침이 밝자마자 사랑엔스들이 출발을 서둘렀다.

탐사대도 아우리온으로 돌아갈 채비를 했다. 마음 한구석에 퍼지는 찜찜한 기분을 애써 외면하면서.

지구 경험이 부족한 말더의 호기로운 선택 때문에, 라세티와 캔은 사랑엔스들과 함께 길을 떠나게 되었다.

그들은 뼈 움막의 기둥이던 상아를 지고, 지붕이던 가죽을 이고 눈밭을 헤쳐 나갔다. 거센 바람이 피부를 뚫고 들어왔다. 얼마 안 가 캔의 투덜거림이 노래처럼 끊이지 않고 울려 퍼졌다. 말더도 속으로 후회했지만 내색하지 않았다. 그나마 사랑엔스들이 나눠 준 털옷 덕분에 견딜 만했다.

칼바람 사이로 사랑엔스들과 만다르가 이야기를 나누는 소리가 들려왔다. 매머드 사냥 계획을 세우는 모양이었다.

'매머드는 대체 어떤 동물일까?'

라세티는 말마따가 살던 사자 신 마을에서 매머드 상아를 산만큼 쌓아 놓은 것도 봤고, 이곳 호수 마을에서 상아로 세운 집이 꽤 튼튼하다는 것도 알게 되었지만, 매머드라는 생물을 직접 본 적이 없기에 궁금증이 커져 갔다.

'상아가 무지하게 크니까 몸도 엄청나게 크려나? 아니면 상아만 크고 몸집은 나만 할지도?'

라세티가 물었다.

"만다르, 살아 있는 매머드는 어떻게 생겼어?"

그러자 만다르는 미간을 찡그리며 고민했다.

"음…… 설명하기가 복잡한데."

한편, 아우리온에서는 쿠슬미가 오라클 위치를 실시간으로 확인하고 있었다. 오라클은 조금씩 북동쪽으로 이동하는 중이었다.

"관장님, 오라클이 자꾸 어디론가 가는데요? 얘들, 임무는 홀랑 잊고 딴 길로 새는 건 아니겠죠?"

"음, 사랑엔스들과 함께 있는 거라면 뭔가 중요한 일이 생겨서 그러는지도 모르지. 인피니티, 오라클의 예상 경로를 시뮬레이션해 다오."

인피니티는 계산을 시작하기 전에 빠다에게 경고하는 것을 잊지 않았다.

"명령하지 마라. 현재 이 탐사대의 대장은 나, 모든 것은 내가 지휘한다. 그렇지만 경로는 나 또한 궁금하군."

시뮬레이션에 따르면, 시간이 흐를수록 오라클은 아우리온이 착륙했던 거대한 호수에서 한참 벗어난 바닷가로 향하고 있었다.

"으흠, 너무 멀리 가는데? 돌아올 땐 어떻게 하려고 저러는 게야? 쿠슬미, 오라클에 통신을 보내 봐라."

"네!"

쿠슬미는 계기판을 조작해 선발대 손에 있을 오라클에 통신을 보냈다. 그러나 오라클 신호는 자꾸 뚝뚝 끊겼다.

"아무래도 날씨 때문에 전파가 불안정한가 봐요. 다시 보내 볼게요."

쿠슬미가 아우리온의 에너지 출력을 최대로 올리고 다시 연결을 시도했다. 그러자…….

경고!

엔진 과열로 인한 작동 오류.

아우리온 시스템을 점검하시겠습니까?

[예]   [아니오]

급기야 아우리온이 푸쉬익 불안정한 소리를 내더니, 곧 시동이 꺼지고 말았다.

같은 시각, 사랑엔스들과 선발대원들은 여전히 매머드를 찾아 헤매고 있었다. 매머드가 모습을 보이지 않아서 사랑엔스들과 만다르는 이곳저곳을 살피며 나아가기만 했다.

라세티가 작은 짐승을 가리켰다.

"저기 있다, 매머드! 털 많고, 귀가 독특한 녀석!"

"으음, 매머드는 더 특이한 코를 가졌어. 쟤는 상아도 없는걸."

이번엔 캔이 그보다 조금 더 큰 짐승을 가리켰다.

"저기 있어! 코도 특이하고 머리에 상아 같은 것도 있고!"

"아니, 매머드는 저것보다 훨씬 커."

이번엔 말더가 아주 큰 짐승을 가리켰다.

"그렇다면 저 녀석이 너희가 찾는 매머드겠군. 털도 아주 많고, 덩치도 아주 크잖아."

만다르는 이번에도 고개를 가로저었다.

"아니야, 아니야. 매머드는 저 셋을 합친 것보다 더 크고, 저 셋을 합친 것보다 더 특이한 코를 가졌다니까."

아우린들은 오기가 생겼다.

"우리 눈에는 저 동물들이 만다르가 말한 조건에 맞는 것 같은데, 전부 매머드가 아니라네. 대체 어떻게 생겼기에!"

곧 바람에 눈이 섞여 내리기 시작하더니, 어느새 눈앞에 있던 동물들의 모습을 전부 지워 버릴 정도로 눈보라가 거세졌다. 눈이 만든 커튼에 햇빛이 가로막혀서인지, 낮인데도 마치 밤처럼 사방이 어두웠다.

순간, 뿌연 눈 속을 지켜보던 사랑엔스들의 움직임이 긴박해졌다. 마을 늑대들 역시 아무것도 보이지 않는 앞을 향해 컹컹컹 짖기 시작했다.

가장 앞에 있던 사랑엔스가 동료들에게 외쳤다.

"공격 준비!"

드디어 매머드가 나타난 모양이었다. 탐사대는 가슴이 두근거렸지만, 사랑엔스들이 사냥 대열을 정비하는 동안 뒤쪽으로 슬금슬금 빠졌다. 어떤 동물인지는 몰라도 그 매머드라는 녀석에게 공격당하기는 싫었으니까.

후욱후욱.

숨을 몰아쉬며 거대한 모습을 드러낼 매머드를 기다렸지만, 눈앞엔 여전히 뿌연 눈보라뿐이었다. 살을 에는 추위 속에서 기다림은 더 길게 느껴졌다.

"뭐야, 매머드가 있긴 한 거야?"

"추, 추운데 계속 이대로 기다려야 해?"

"으으으, 콧물이 고드름이 될 것 같아······."

아우린들의 외침에 매머드가 잠시 멈칫하는 틈을 타 사랑엔스들이 공격을 퍼부었다. 코를 하늘로 뻗으며 저항하던 매머드는 결국 주저앉았다. 매머드 사냥에 성공한 사랑엔스들이 내지르는 기쁨의 환호성이 눈벌판을 쩌렁쩌렁 울렸다.

사랑엔스들이 만다르와 탐사대에게 말했다.

"매머드를 잡았으니 당분간은 걱정 없어. 우리는 이곳에 머물 거다. 여기는 다양한 동물이 많아. 사냥도 계속 할 수 있고 집도 많이 지을 수 있을 거야. 너희는 어떻게 할 거야? 우리랑 계속 같이 있어도 돼."

탐사대는 마지막까지 함께하자고 말해 주는 사랑엔스들의 마음이 고마웠다. 하지만 함께할 수 없었다. 이곳에 쿠가 없다는 걸 확인했으니 이제는 정말 돌아가야만 했다.

"아니야, 우린 여기서 이만 떠날게. 우리가 꼭 해야 할 일이 있거든."

"목숨을 구해 줘서 정말 고마웠어. 새 마을에서도 부디 행복하게 잘 살아!"

"응! 만다르, 너는?"

곁에 있던 만다르는 조금 고민하더니 결심한 듯 말했다.

"나도 이 친구들과 함께 떠나고 싶어. 너희랑 계속 같이 사는 것도 좋지만, 나는 탐험가잖아. 새로운 길을 가는 자야."

"오! 그럼 만다르가 우리 새 동료가 되는 거야? 좋아!"

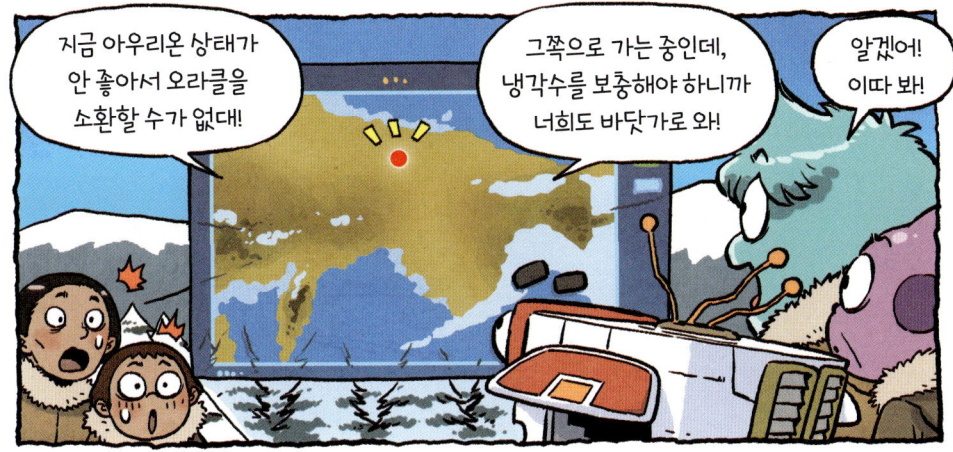

5화

드러난 땅, 미지의 대륙

세 아우린과 한 사랑엔스, 그리고 두 마을 늑대는 오라클을 쥔 라세티를 앞장세우고 쿠슬미가 알려 준 좌표로 전진했다.

지도를 보며 거침없이 앞으로 나아가는 라세티를 보고 캔이 말했다.

"라세티 너, 제법 믿음직하다."

"우하하, 내가 또 할 때는 하는 아우린이잖아. 나만 믿고 따라오라고. 이리로만 가면 왠지 아우리온도, 쿠도 만날 수 있을 것 같은 느낌이야."

말더는 지나치게 자신만만한 라세티가 못 미더운지 자꾸 불길한 얼굴로 주변을 두리번거렸다.

"쿠를 찾는 것도 중요하긴 한데, 우선 지금은 쿠슬미가 알려 준 지점으로 정확히 가야 하는 거 알지? 안 그러면 이 추운 눈보라 속에서 빙빙 맴돌다 죽을 거라고."

그러나 라세티는 전혀 개의치 않았다.

"걱정 붙들어 매셔! 이 라세티 대장님의 긍정 에너지만 믿으면 문제 생길 일은 아~무것도 없단 말씀! 자, 쿠슬미가 알려 준 바다는 이쪽이야!"

문득 캔 머릿속에 의문이 떠올랐다.

'라세티가 지도를 볼 줄 알았던가? 저 녀석, 심각한 길치였는데……. 지구는 길이 좀 다른가? 아님, 길눈이 밝아졌나?'

사실 라세티는 길을 제대로 찾아가고 있던 것도, 길눈이 밝아진 것도 아니었다. 아니, 오히려 지도가 가리키는 곳과는 정반대 방향으로 일행을 안내하고 있었다.

결국, 이 사실은 이들이 바닷가가 아닌 눈 덮인 산 위에 도착한 뒤에야 밝혀졌다.

그 시각, 아우리온은 먼저 약속한 해안가에 도착해 있었다.

지구의 산과 들, 다양한 환경을 봐 왔지만, 온통 하얗게 덮인 해변은 또 다른 느낌이었다.

"지구는 다른 행성에 비해 별로 크지도 않은데, 어딜 가나 다양하게 예쁘단 말이야. 여긴 또 새하얀 매력이 있네!"

반짝이는 설원의 풍경을 즐기는 것도 잠시, 쿠슬미는 슬슬 불안감이 일었다.

"그나저나 애들 왜 안 와? 한참 지났는데."

아우리온은 전속력으로 오라클이 있는 곳으로 날아갔다.

오라클의 GPS 신호를 따라가자, 일찌감치 냉동 아우린이 되어 버린 라세티 일행이 크게 팔을 휘저으며 구조 신호를 보내는 것이 보였다.

"쿠슬미! 관장님! 여기야, 여기!"

"바닷가로 오라니까, 산꼭대기에는 왜 간 거야?"

캔, 말더, 만다르는 코에 고드름을 줄줄 늘어뜨린 채 바들바들 떨면서 선두를 자처한 라세티를 노려보기만 했다. 쿠슬미는 이유를 더 듣지 않아도 상황을 알 것 같았다.

"쯧쯧, 그럼 그렇지. 지도도 볼 줄 모르는 누군가가 길을 안내했구나."

조금씩 몸이 녹고 입이 풀리자, 선발대는 누가 먼저랄 것도 없이 땅 위에서 있었던 일들을 늘어놓기 시작했다. 다들 할 말이 많았던지라, 소리가 다 뒤섞여 내용을 알아듣기 어려울 정도였다.

"그때 우리가 똥을 뒤집어썼는데, 캔 녀석이 자기는 죽어도 안 씻겠다고 고집을 부리는 거 있지!"

"……그 마을에서 여기 만다르를 만난 거야. 만다르는 마을 늑대들을 데리고 지구 곳곳을 탐험하는 여행가인데……. 아, 마을 늑대는 뭐냐 하면……."

"……사냥감이 부족해서 동물들이 가는 쪽으로 계속 옮겨 다녔는데 말이야……."

"중지!"

목청 높여 이야기하는 그들을 멈춘 것은 인피니티였다.

"동물들이 가는 쪽? 그건 무슨 소리지? 더 자세히 설명하도록!"

그러자 말더가 품속에서 무언가를 꺼냈다.

"그래, 나도 의아했어. 지구 동물들이 계속해서 서식지를 벗어나는 것 같더군. 아마 환경 변화와 관련이 있겠지. 바깥에서 빙하를 채취해 왔다. 이 속의 산소 성분 비율을 분석하면 더 정확한 기후 변화 데이터를 얻을 수 있을 거야. 동물들의 이동 경로와 함께 정리해 두면 쿠를 찾는 데도 도움이 되겠지."

말더가 가지고 온 빙하 샘플을 아우리온 로봇 팔에 건넸다.

인피니티는 이전에 정리해 두었던 지구 데이터와 빙하 샘플 분석 결과를 종합해 곧 결과를 도출했다.

"삐빅, 분석 완료! 지구는 현재 빙하기임. 이 근방 동물들이 육지를 따라 북동쪽으로 이동했고, 두 발 생명체들 역시 식량 확보를 위해 그들을 따라간 것으로 보임."

분석 결과가 표시된 지도를 유심히 보던 빠다가 무언가 깨달은 듯 소리쳤다.

"그래! 이거였어! 바로 이게 이상했던 게야!"

　미지의 땅에서 제일 먼저 눈에 들어온 건 다양한 모습의 동물들이었다. 그중에는 이전에 만났던 녀석들도 있었지만, 지구 곳곳을 탐험한 탐사대조차 처음 보는 기상천외한 동물들도 많았다.

　"환경이 다르니 동물들의 생김새도 확 달라졌네! 여긴 꼭 외계 행성 같아!"

　곧 아우리온이 착륙하고, 인피니티가 다시 명령을 내렸다.

　"선발대는 내려라. 다시 쿠를 찾을 시간이다."

캔이 펄쩍 뛰며 사정했다.

"꼭 나가야 해? 그냥 하늘을 날면서 둘러보면 안 될까? 딱 봐도 두 발 생명체는 없잖아. 여기 꼭 쿠가 있을 거란 보장이 어디 있냐고."

그러나 인공 지능인 인피니티에게 애원은 통하지 않았다.

"탐사대장인 인피니티 님의 말에 복종하지 않겠다는 건가? 쿠는 반드시 여기에 있다. 내 계산이 틀릴 리가 없으니까. 만일 내가 틀렸다면 다시 너희의 부하로 돌아가 주겠음."

"쳇, 필요 없거든? 별로 도움 되지도 않더구먼……."

꿍얼거리던 선발대는 결국 또 로봇 팔에 붙들려 쫓겨났다.

하지만 만다르는 오히려 눈을 반짝이며 새로운 땅을 둘러보았다.

"오~! 여긴 어떤 친구들이 있으려나?"

넓은 평원에 온갖 동물들이 많았지만, 특이하게도 사랑엔스는 하나도 보이지 않았다. 이렇게나 사냥감이 많으니 몇 명 정도는 나타날 법한데도.

"여기에 쿠가 있을 거라더니, 쿠는커녕 두 발 생명체 털끝 하나 안 보이잖아! 슈퍼컴퓨터면서 순 엉터리야!"

왁자지껄한 두 발 생명체들과의 생활이 익숙해져서인지, 라세티에겐 그들이 없는 넓은 땅이 어쩐지 허전해 보였다.

"여기까진 아직인가 봐. 그나저나 여기 좀 쓸쓸하지 않아?"

"쓸쓸하긴. 평화롭고 조용한 게 좋기만 한데. 사랑엔스들이 육로를 통해서 여기로 이동해 오면 이 고요함도 끝이겠군. 여기에 적응하는 동안 또 얼마나 야단법석을 떨겠어?"

말더가 중얼거렸다.

그 말을 듣던 만다르가 주먹을 불끈 쥐고 말했다.

탐사대가 지구의 깨끗한 눈을 처음 본 건 에구구를 만난 시대에서였지만, 그때는 에릭을 돌보느라, 또 정신없이 사냥에 따라다니느라 눈을 가지고 놀 틈이 없었다.

탐사대를 감시하는 인피니티도, 잔소리를 퍼붓는 쿠슬미와 빠다도 없는 지금이 눈을 맘껏 가지고 놀 절호의 기회였다. 눈을 가지고 노는 건 언제나 재미있으니까.

"호호. 그럼 나도 같이 놀아 볼까?"

"내 눈덩이가 더 클걸~?"

라세티와 캔, 말더는 눈으로 아우린 상을 만들어 세운 뒤 멍하니 바라보았다. 뿌듯함과 함께 미묘한 감정이 피어올랐다.

"기분이 어째 좀 그렇다."

"왜 아우레 생각이 나지?"

"그러게. 내 바이크도 보고 싶다……."

지구는 아름다운 곳이었다. 지구에서 만난 생명체들은 저마다 독특한 개성을 지니고 있었고, 두 발 생명체들도 알아 갈수록 매력이 넘쳤다. 지구 같은 행성이라면 눌러앉아도 괜찮을 것 같다는 생각도 들었다.

지구가 막 시작되는 새벽이라면, 멸망을 앞둔 아우레는 저물어 가는 저녁이었다. 캄캄한 어둠만 기다리는 저녁…….

갑자기 탐사대는 고향 아우레가 그리워졌다. 기쁠 때도 슬플 때도 자꾸 아우레가 생각났다. 세 아우린은 추억과 그리움에 젖어 한동안 먼 하늘을 바라보았다.

우울한 분위기를 깬 것은 긍정 대왕 라세티였다.

"얘들아! 약해지지 말자. 우리가 아우레를 다시 예전처럼 되돌릴 거잖아. 멋지게 임무를 완수해서 돌아가자고!"

"그래. 지금은 싹 잊고, 신나게 놀기나 하자!"

"좋~았어! 간다~!"

그날, 설원엔 해맑은 웃음소리가 오래도록 울려 퍼졌다.

SOS!
위기의 탐사대

화기애애하게 시작했던 라세티, 캔, 말더의 눈싸움은 점점 과격하게 변해 갔다. 눈덩이를 맞은 아우린은 더 단단하게 눈을 뭉쳤고, 셋은 승부욕으로 활활 불타오르고 있었다.

캔은 몸에 지닌 도구를 이용해서 눈덩이 수십 개를 순식간에 만들어 속사포처럼 발사했다. 말더는 캔처럼 빠르게 던지지는 못했지만, 대신 비상한 머리로 눈덩이가 날아갈 위치를 정확하게 계산하고 조준하는 덕에 명중률이 100퍼센트였다. 반면에 라세티는…….

맞기만 했다.

눈덩이를 빚을 도구도, 낙하 지점을 계산할 머리도 없는 라세티는 날아오는 눈덩이들을 그저 맞을 수밖에 없었다.

퍽, 퍽, 퍽!

"너희 왜 나한테만 던져?!"

"으헤헤, 네가 제일 공격하기 좋으니까!"

"네가 덩치가 커서 맞히기가 쉽거든!"

부글부글. 라세티 속이 끓었다.

"두고 봐, 이씨."

라세티는 분노와 설움을 그득하게 실어 엄청난 눈덩이를 굴리기 시작했다.

"이걸로 너희 둘을 한 방에 보내 버릴 테야!"

어린이를 위한 김상욱 교수의 첫 물리 동화

물리박사 김상욱의 수상한 연구실

과학의 비밀이 풀리는 김상욱 교수의 연구실로 초대합니다!

*시리즈는 계속됩니다.

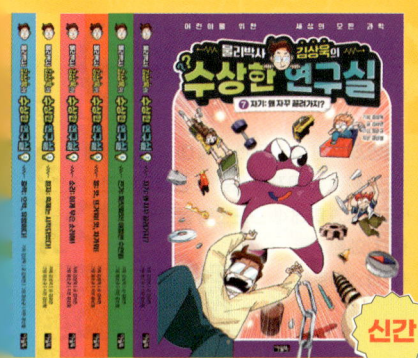

신간

기획 김하연 | 글 정순규 | 그림 강신철 감수

물리를 왜 배워야 할까요?

- ☑ 물리는 과학에 대한 호기심을 일깨웁니다.
- ☑ 물리를 알면 과학이 쉬워집니다.
- ☑ 물리는 모든 과학의 기본입니다.

 미리보기  김상욱 인터뷰

물리학자 김상욱 교수

교보문고, 예스24, 알라딘 등 온라인 서점 및 전국 오프라인 서점에서 만나실 수 있습니다.

건축가 유현준의 첫 번째 건축 동화

유현준의 세계 건축 대모험

유현준 교수와 함께 떠나는 랜드마크 모험, 지금 출발합니다!

*시리즈는 계속됩니다.

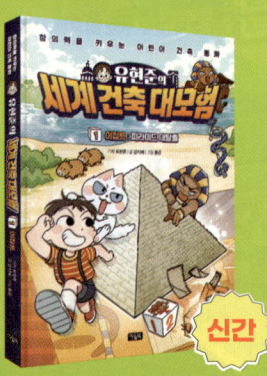

유현준 기획 | 강지혜 글 | 불곰 그림

신간

이 책이 특별한 이유!

☑ 건축은 역사, 수학, 예술 등 여러 교과 지식을 연결하는 통합적 사고력을 키워 줘요.

☑ 함께 모험하며 창의력과 문제 해결 능력을 길러요.

☑ 유현준 교수가 직접 선별한 건축 이야기를 담았어요.

미리보기

유현준 인터뷰

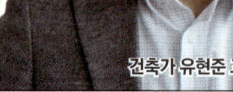
건축가 유현준 교수

교보문고, 예스24, 알라딘 등 온라인 서점 및 전국 오프라인 서점에서 만나실 수 있습니다.

이제껏 없던 어린이 의학 동화

tvN 〈유 퀴즈〉 화제의 의사
국내 최대 규모 외상센터
정경원 아주대학병원 외상센터장 기획 감수!

어린이를 위한 중증외상센터&닥터 헬기 이야기!

정경원 아주대학병원 외상센터장 기획·감수
임은하 글 | 하루치 그림

*시리즈는 계속됩니다.

"이 책을 읽는 어린이들이 의사가 되는 것을 꿈꾸게 되기를 기대합니다."

미리보기　독후활동지

아주대학병원 정경원 센터장

대한민국 대표 추리 만화동화

관찰력, 문해력, 논리력이 커지는
추리의 세계!

권일용 프로파일러의 정교하고
치밀한 수사가 지금 시작됩니다!

전 8권 완간

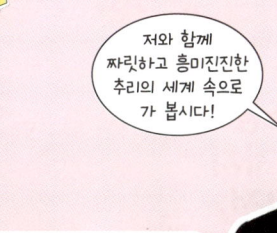

권일용 기획 | 한주이 글 | 강신영 그림

"저와 함께 짜릿하고 흥미진진한 추리의 세계 속으로 가 봅시다!"

미리보기　권일용 인터뷰

프로파일러 권일용 교수

교보문고, 예스24, 알라딘 등 온라인 서점 및 전국 오프라인 서점에서 만나실 수 있습니다.

AI 시대에 꼭 읽어야 할 사고력 동화

진짜 VS 가짜 **짜짜뉴스 제작소**

무엇이 진짜이고, 무엇이 가짜일까?
세상을 바로 읽는
어린이 사고력 프로젝트

'슬기로운초등생활' 이은경 선생님 기획
첫 어린이 동화 시리즈!

신간

이은경 기획 | 서후 글 | 이정태 그림

*시리즈는 계속됩니다.

미리보기 책 소개 영상

AI 시대
혼란스러운 정보의 홍수 속
나침반이 줄 책입니다.

30만 초등 교육 멘토 이은경 선생님

스스로 생각하는 힘을 키우는 수업

내가 만드는
초등 첫 가치 사전

신간
한달 완성

베스트셀러 현직 교사 **이현아 선생님**이
직접 고른 **30가지 단어** 수업

스스로 생각하고 쓰면,
언어 표현력과 사고력, 창의력이 쑥쑥!

단어를 통해
세상을 새롭게 정의하며
가치를 더하는 아이는
그 언어로 세상을 이끕니다.

이현아 글 | 김해선 그림

미리보기

16년 차 현직 초등 교사 이현아 선생님

교보문고, 예스24, 알라딘 등 온라인 서점 및 전국 오프라인 서점에서 만나실 수 있습니다.

아동 전문 심리학자 조선미 교수의 맞춤 처방 그림책

• 엄마 마음 그림책 •

세상 모든 엄마들의 마음을 대변하는 그림책

표현이 서툰 엄마가 아이에게 전하는 속마음,
성장하는 아이에게 전하고 싶은 엄마의 바람

아이 눈높이에 맞게 엄마의 마음을
전할 수 있는 소중한 책입니다.
- 조선미 교수님

윤여림 외 글 | 이미정 외 그림

미리보기   조선미 인터뷰

*시리즈는 계속됩니다.

• 안아주기 그림책 •

아이들의 마음을 주제로 한 그림책 가운데
가장 추천할 만한 시리즈입니다.
- 조선미 교수님

쇼나 이니스 글 | 이리스 어고치 그림
엄혜숙 옮김

*시리즈는 계속됩니다.

미리보기   낭독영상

아주대 정신건강의학과 조선미 교수

교보문고, 예스24, 알라딘 등 온라인 서점 및 전국 오프라인 서점에서 만나실 수 있습니다.

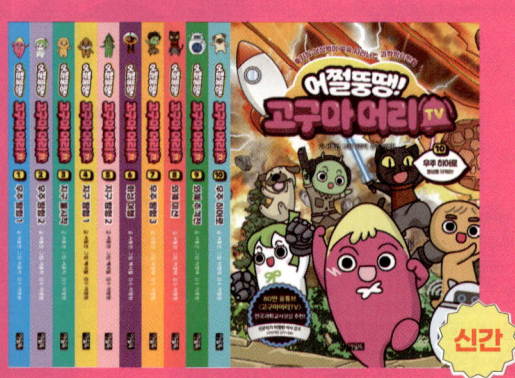

<어쩔뚱땡! 고구마머리TV>의 매력 포인트

- ☑ 재미있게 배우는 과학 지식과 원리
- ☑ 초등교과과정과 연계하여 주요 과학 키워드가 머리에 쏙쏙!
- ☑ 천문학자 이명현 박사의 더 깊은 과학 이야기

미리보기

고구마머리송

교보문고, 예스24, 알라딘 등 온라인 서점 및 전국 오프라인 서점에서 만나실 수 있습니다.

"거기 서!"

라세티는 저만치 달아나는 캔과 말더를 향해서 눈덩이를 던졌다. 그런데 라세티의 분노가 가득 담긴 눈덩이는 목표물들을 훨씬 넘기고 날아가서는…….

퍽!

멀리 있던 네 발 생명체 무리를 맞히고 말았다!

눈을 맞은 녀석이 고개를 들더니 라세티를 노려보았다. 콧김을 푹푹 내뿜으면서.

캔이 깔깔거리며 라세티를 놀렸다.

"라세티, 너 이제 큰일 났다! 쟤들 아주 화난 것 같은데? 어떡하냐, 너~! 우헤헤."

그런데 기대했던 반응은 돌아오지 않았다. 약이 올라 붉어졌어야 할 라세티 얼굴이 새하얗게 질려 있었다. 말더도 굳은 표정으로 주춤주춤 뒷걸음질했다.

"어? 너희 왜 그래?"

캔이 뭔가 이상함을 감지한 그 순간!

두두두두두두—!

땅에서 커다란 진동이 느껴졌다. 그리고 뒤를 돌아볼 틈도 없이……!

"뛰어~!"

그 시각, 쿠슬미는 라세티가 들고 나간 오라클의 위치가 한참 전부터 거의 변하지 않는 것을 보며 의아해하고 있었다.

"전엔 끝도 없이 움직여서 속을 썩이더니, 이번엔 같은 자리에서 꼼짝도 하지 않네. 대체 뭐 하는 거야?"

그때 오라클의 위치가 갑자기 움직이기 시작했다. 그것도 아주 빠른 속도로.

"엇! 오라클이 움직여요! 근데 너무 빠른데요?"

"방향은 이쪽이 맞구나."

"쿠 찾기 임무를 완수하기 전까진 돌아오지 말라고 했을 텐데."

인피니티는 탐사대장으로서 선발대에게 임무를 다시 한번 상기해 주기 위해 통신을 시도했다. 그러나 답이 없었다.

그때였다.

두두두두두두—!

밖에서 커다란 진동음이 들렸다. 동시에 그에 맞춰 아우리온 전체가 위아래로 흔들거렸다.

쿠슬미와 빠다가 밖을 내다보니, 쌓여 있는 눈을 헤치며 엄청난 수의 네 발 생명체들이 이쪽을 향해 돌진하고 있었다. 더 놀라운 것은 그 앞의 라세티, 캔, 말더였다. 사고뭉치 세 녀석들은 네 발 생명체들에게 쫓기는 중이었다.

"으아아아아! 쿠슬미, 관장님! 우리 좀 살려 줘!"

"끄아, 쟤들 또 사고 쳤나 봐요!"

이대로 가다간 성난 짐승 떼와 아우리온이 충돌할 게 뻔했다. 그렇게 되면 탐사대 전체가 위기다!

"이러다 부딪치겠다! 쿠슬미, 어서 아우리온을 이륙시켜!"

쿠슬미는 조종간을 힘껏 잡아당겼다. 추운 날씨에 꽁꽁 얼어 버린 아우리온은 빠다까지 달려와 힘을 보태고서야 간신히 공중에 뜰 수 있었다.

덕분에 네 발 생명체와 세 아우린 모두 무사히…… 아우리온과 충돌하지 않고 저만치 달려갔다.

"이제 애들을 구하러 가자꾸나!"

"네!"

아우리온이 매끄럽게 하늘을 가르고 날아갔다. 라세티, 캔, 말더는 뿔에 찔리기 직전의 상태로 아슬아슬하게 도망치는 중이었다.

"으아아아, 쿠슬미, 어서 문 좀 열어 줘어~!"

"관장님, 조종을 부탁해요!"

쿠슬미는 얼른 탑승구를 개방하고 친구들을 향해 기다란 촉수를 쭉 뻗었다.

캔이 가까스로 아우리온으로 들어왔다.

하지만 한발 뒤에 있던 라세티와 말더에게는 쿠슬미의 촉수가 닿지 않았다. 심지어 두 아우린은 지쳐서 달리는 속도가 점점 느려지고 있었다.

"안 돼, 촉수가 더 이상은 안 늘어나!"

"쿠슬미, 내 팔을 잡아! 그러면 할 수 있을 거야!"

캔이 한쪽 팔로 아우리온의 문을 잡고, 다른 팔로 쿠슬미의 촉수를 붙잡았다. 라세티와 말더가 멀어지는 만큼 쿠슬미가 더 힘을 냈다. 라세티가 막 손을 내민 순간……!

라세티와 말더는 공중으로 날아가 버렸다.

"으아아아악! 아우린 살려!"

허공에 뜬 라세티와 말더가 뒤따라오는 네 발 생명체의 무리 속에 떨어지고 있었다. 그렇게 되면 둘은 수많은 발굽에 깔리고 말 것이었다.

"라세티! 말더!"

바닥을 향해 추락하기 시작하는 두 아우린을 보며 쿠슬미가 비명을 질렀다. 이 위기에 빠다가 나섰다.

'당장 벗어나려면 이 방법뿐이야!'

7화

지구 동물 실종 사건

다급히 웜홀을 열어 버린 바람에 탐사대는 어디인지, 어느 시대인지 모를 곳에 떨어지고 말았다. 다행히 빠다의 순간적인 판단 덕분에 큰 사고는 막을 수 있었다.

"라세티, 말더! 괜찮으냐?! 지금 바로 문을 열 테니 어서 올라타거라!"

뒤를 돌아보니 사랑엔스들이 있었다.

라세티는 반가움에 얼른 인사부터 건넸다.

"와아! 얘들아! 이게 얼마 만이야! 아차, 너희는 날 처음 보겠지? 안녕, 나는 라……!"

"전부 잡아라! 횡재다! 우아아아아!"

사랑엔스들은 라세티와 인사 같은 걸 할 마음이 전혀 없었다. 그들은 창을 날리고 화살을 쏘아 대기 시작했다.

"으악, 왜 이래?! 우린 사냥감이 아니라고!"

라세티와 말더는 날아드는 공격을 요리조리 피해 간신히 아우리온에 올라탔다.

웜홀에 딸려 들어온 네 발 생명체들은 난데없이 쏟아지는 화살을 피해 사방으로 흩어졌다. 사랑엔스들은 그 뒤를 쫓으며 공격을 이어 나갔다. 매서운 눈으로 사냥감을 뒤쫓는 그들의 모습은 이전까지의 사랑엔스들과 다른 느낌이었다.

웜홀을 통과하기 전, 이 장소는 다채로운 동물들로 가득했었다. 그런데 웜홀을 이동한 지금, 동물들은 온데간데없고 눈을 번뜩이며 사냥에 매진하는 사랑엔스들뿐이었다.

"여긴 대체 어디야? 아까랑은 완전히 다른 곳 같아…….."

"다른 세상이 아니다. 시대가 달라졌을 뿐이다. 이곳은 아까와 정확히 같은 지점이다."

"촌계야, 그 많은 네 발 생명체가 한 마리도 안 남고 몽땅 이사했다는 게 말이 되냐?"

캔이 핀잔을 주었지만 빠다는 의외로 라세티를 두둔했다.

"저쪽 땅에서 생명체들이 이동해 왔으니, 당연히 이쪽 땅에서도 갈 수 있겠지. 하지만 그렇다면 저쪽 땅에서 옮겨 온 동물들이라도 보여야 할 터인데, 그러지도 않고……. 확실히 이건 이상하군. 인피니티, 근처의 생명체 반응을 추적해 봐라."

인피니티는 빠다의 지시를 기분 나빠했지만 어쩔 수 없이 그 말에 따랐다.

"내게 명령하지 마, 빠다. 하지만 지구 생명체들의 동향을 파악해 두는 것은 탐사에 도움이 되겠군."

인피니티는 즉시 근방의 모든 정보를 수집했다. 거기에 그동안 쌓아 온 데이터를 더하고, 빼고, 해체하고, 재조합했다.

"근방에서 탐사 중 목격한 동물 다수 찾을 수 없음. 현재 이 대륙에서만 60퍼센트 정도가 행방불명이다. 지구 전체로 따지면 훨씬 더 많을 것으로 추정됨!"

놀랄 일이었다. 설원을 가득 메웠던 동물들이 하루아침에, 아니 1만 5천 년 만에 전부 사라져 버렸다니.

라세티는 창밖을 보았다. 사랑엔스들이 사냥한 소를 짊어지고 기분 좋게 돌아가는 중이었다. 모처럼 배부르게 먹을 수 있는 상황에 들뜬 얼굴들이었다. 사냥감이 사라진 이곳에서 사랑엔스들이 얼마나 힘들었을지를 생각하니, 라세티는 딱한 기분이 들었다.

"어쩌다 이렇게 변한 걸까?"

빠다가 고개를 끄덕였다.

"너희가 하는 말들 전부 합리적인 가설이야. 또 다른 원인으로 기후 변화도 빼놓을 수 없겠지. 빙하기 때문에 환경이 급변하면서 동물들의 생태나 먹이 사슬 등에 영향을 끼쳤을 테니 말이다."

어느 게 정답이라고 누구도 말할 수 없었다. 탐사대의 추측이 전부 틀릴 수도 있고, 그중 하나가 정답일 수도 있고, 아니면 전부가 정답일 수도 있었다. 보지 않은 순간을 짐작하기란 어려웠다. 가설을 증명할 만한 자료가 전혀 없는 상황에서는 특히나 그랬다.

탐사대가 알 수 있는 건 그저 이런 환경에서 살아남아야 했을 지구 생명체들이 아주 힘들었을 거라는 사실뿐이었다. 꼬리에 꼬리를 물고 이어지는 이런저런 생각들에 아우리온 안에 침묵이 흘렀다.

그때였다. 조용한 가운데서 탐사대의 귀를 간질이는, 아주 아주 작은 소리가 느껴졌다.

아우린들이 귀를 쫑긋 세웠다.

"얘들아, 무슨 소리 안 들려?"

"나도 들려! 뭔가가 삑삑 하고 우는 소리 같은데? 우주선에 아기 새가 들어왔나?"

"동물 울음소리가 아니라 기계음 같기도 하고. 꼭 아우리온 경고음처럼……?"

경고음이라는 단어를 듣자마자 탐사대는 불길한 생각에 휩싸여 일제히 계기판 쪽을 홱 돌아보았다.

정말로 계기판 한쪽에 주황색 불이 작게 깜빡이고 있었다.

"쿠슬미, 저 소리는 뭐야? 이 고물 우주선, 또 어디가 망가진 거야?"

"나도 저기에 불이 들어온 건 처음 보는데. 잠깐 점검해 봐야겠어."

아우리온의 선장이자 엔지니어인 쿠슬미가 계기판을 살폈다. 나머지 대원들은 조마조마한 마음으로 쿠슬미의 뒤통수만 뚫어지게 쳐다보았다. 잠시 뒤, 쿠슬미가 조금 움찔하는 것 같더니 한참 동안 말이 없었다.

"쿠슬미, 왜 그래? 무슨 일 있어?"

"음…… 그게……. 우리 이제 정말로 쿠를 빨리 찾아야겠어."

캔이 재촉했다.

"쿠를 빨리 찾아야 하는 건 당연한 거고. 대체 뭔데 그래? 별문제 없는 거지?"

"아니, 내 말은…… 정~말 정말 빨리 찾아야 할 것 같다는 말이야. 왜냐하면 우리……."

빠다가 후다닥 계기판 앞으로 굴러와 아우리온을 살피더니, 곧 사색이 되어 외쳤다.

"그럴 리 없어! 아우리온에 연료가 떨어지다니!"

아우리온을 처음 설계할 때, 빠다는 우주 전체에 흐르는 무한한 생체 에너지를 아우리온의 동력으로 삼았다. 행성마다 뿜어져 나오는 생명의 기운이 오라클을 통해 아우리온의 배터리로 스며드는 원리였다. 이론대로라면 생명체가 존재하는 곳이라면 우주 어디서든 아우리온이 멈출 일은 절대로 없었다.

망연자실한 빠다 얼굴에서 이전과는 비교도 안 되는 심각함이 느껴졌다.

"연료가 없으면 어떻게 되는데?"

"서, 설마 아우레로 돌아가지 못하고 지구에 갇히는 거야?"

고향으로 돌아가지 못한다는 생각에 탐사대는 불안해졌다. 참으려고 했는데 눈물이 터져 나왔다. 나중엔 전부 목 놓아 끼이꺼이 울기 시작했다.

"모두 조용~!"

아우리온 전체를 쩌렁쩌렁 메운 빠다의 호통에 탐사대는 눈물이 쏙 들어갔다.

"내가 언제 아우레에 돌아가지 못할 거라고 했느냐. 우리는 아우레로 돌아갈 수 있어!"

"정말요?!"

"그래. 다행히 연료가 완전히 바닥난 건 아니야. 아우레에 돌아갈 만큼을 제외하면…… 딱 한 번! 웜홀을 열어 시대를 이동할 수 있는 여분의 연료가 남아 있다."

그 말인즉, 쿠를 찾을 기회도 딱 한 번뿐이라는 것이다.

지금까지 탐사대는 루시를 만난 300만 년 전부터 지금 이곳 1만 년 전까지, 또 눈이 펑펑 내리는 극지방부터 땀이 뻘뻘 나는 적도 부근까지, 모든 시대, 모든 곳의 지구를 속속들이 뒤져왔다. 그러면서 지구의 여러 두 발 생명체를 만났지만, 쿠는 끝끝내 나타나지 않았다. 그런 녀석을 단 한 번의 이동으로 찾아내야 한다니……. 엄청난 운이 필요한 상황이었다.

"아우리온 연료가 다시 채워질 때까지 기다리면 어때요? 생명체만 있다면 연료가 생기는 거라면서요?"

"그렇긴 하다만……. 연료 부족 원인이 명확하지 않은 상황에 마냥 기다리기는……."

이제껏 조용하던 인피니티가 목소리를 냈다.

"결국 너희 힘으로 쿠를 찾는 데 실패했군."

무미건조한 인피니티의 기계 목소리에는 거들먹거리는 기운이 가득 묻어났다.

탐사대는 정작 중요할 땐 빠져 있다가 나중에야 나타나서 밉살스러운 소리를 하는 인피니티에게 그간 쌓였던 울분을 쏟아 냈다.

"뭐?! 이게 다 누구 때문인데? 인피니티, 네가 여기에 꼭 쿠가 있을 거라고 했잖아!"

"맞아! 네가 우리를 여기로 끌고 온 거면서!"

"너, 아까 뭐라고 했더라? 쿠가 여기 있을 거라는 네 계산이 틀리면 다시 우리 부하가 된다고 하지 않았어?"

"내가 부하가 되겠다고 했다고? 기억에 없음. 메모리 과부하로 삭제된 것 같군. 아무튼, 나도 가만히 전력 낭비나 하고 있었던 건 아니다!"

"그럼 뭘 하고 있었는데? 그동안?"

"지구 생명체의 유전자 지도 제작."

"유전자 지도?"

인피니티가 아우리온 모니터에 알 수 없는 지도 하나를 띄웠다. 수많은 점이 찍힌 지구 지도였다. 점이 어찌나 많은지, 육지고 바다고 온통 점으로 덮여 지도라고 하기도 힘들었다.

"쿠의 유전자 샘플을 완벽하게 분석해 염기 서열을 해독했다. 또 지구의 생물 전체 분포도 정리했지. 자, 이 중에 동물로 분류할 만한 약 1만 8천여 종만 남기고 나머지를 삭제할 테니, 잘 보도록."

지도에서 점이 훅 줄어들었다.

"이거 확실한 거야? 저번에도 뭔가 발견했대서 대장까지 시켜 줬는데 아무것도 못 찾았잖아!"

"시끄러움. 이 점들 중 포유류를 제외한 모든 개체를 삭제한다."

아까보다 더 많은 점이 사라졌다.

"또 여기서 두 발 생명체가 아닌 것들을 삭제하고."

이제 지도의 점은 10분의 1도 채 남지 않은 듯했다.

"풍야쿵 장군이 장시간 머무른 위치에서 쿠 유전자의 염기 서열과 가장 높은 일치율을 보이는 개체들을 찾으면……."

말더의 탐사일지

꿈에서 쿠를 만났다니!

수백 년을 살면서 이렇게 황당한 소리는 정말이지 처음이다!

그렇지만 지금 이것 말고는 믿을 구석이 없는 것도 사실인데, 흠….

뭐? 고민은 나중에 하고 이번 모험이나 정리해 달라고?

하긴, 이런 일은 수석 연구원이던 이 말더 님이 전문이긴 하지.

이번 모험에서는 지구 절반을 돌았다고 해도 과언이 아니야.

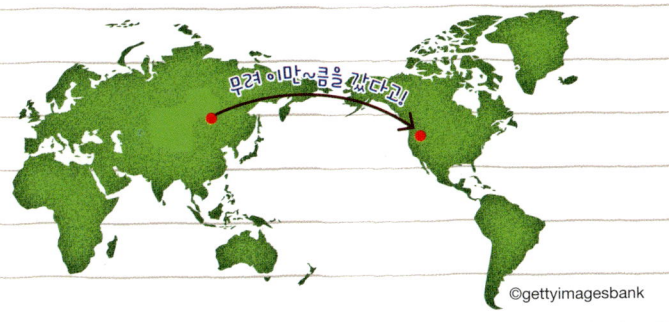

©gettyimagesbank

얼음 호수가 있던 숲에서 눈보라를 헤치며 만난 동물들이야.

위험도 보통 ●●○○

난데없이 똥을 투척하고 사라진 녀석!
바로 **메갈로케로스**야.
약 40만 년 전부터 지구에 살던 메갈로케로스는
'거대한 뿔'이라는 뜻의 이름에 걸맞게
엄청난 크기의 뿔을 자랑해. 뿔의 양 끝 사이 길이가
거의 4미터에, 그 무게만 해도 40킬로그램이 넘거든.
이 거대한 뿔은 수컷끼리 싸우거나 암컷을 유혹할 때를 대비한 비장의 무기지.
이 녀석이 1만 년 전 지구에서 모습을 감추었다는 사실이 드러나며,
메갈로케로스는 19세기 말 과학자들이 최초로 '멸종'이라는 개념을 연구하는
계기가 되었어.

위험도 높음 ●●●●

만다르 설명만 듣고 **털매머드**의 생김새를 정확히 떠올린 아우린, 있어?
털매머드는 지구에 살았던 수많은 매머드 중 가장 최후까지 살아남았던 종이지.

온몸을 덮은 털과 작은 귀 덕에
빙하기의 매서운 추위도 견딜 수 있었기
때문이려나?
털매머드의 가장 가까운 친척인
아시아코끼리 유전자로 털매머드를
복원하려는 연구도 진행 중이라는데…
실험이 성공할지 기대되는걸.

그중 우리가 매머드로 착각했던 동물들은, 분석해 보니 완전히 다른 생명체들이더군.

위험도 낮음 ●○○○

계절이 변하면…

눈토끼는 흔히 아는 산토끼의 조상이라고 보면 돼. 눈토끼는 여름과 겨울의 모습이 확연하게 달라. 여름에는 풀숲에 잘 숨을 수 있도록 건초 같은 갈색 털로 뒤덮여 있지만, 겨울에는 새하얀 눈과 같은 흰색 털로 변신하거든.

위험도 보통 ●●○○

이 독특하게 생긴 녀석은 **사이가산양**이라고 해. 사이가산양의 큰 코는 긴 콧구멍 안에 찬 공기를 품어 따뜻하게 데워 주는데…. 이 말 어디선가 들어 본 것 같다고? 기억력이 좋은걸? 맞아, 네안데르탈인의 코가 큰 이유도 바로 추운 날씨에 적응하기 위해서였잖아.

위험도 높음 ●●●○

사향소는 10마리에서 많게는 70마리까지 무리를 지어 사는 동물이야. 늑대 등 천적이 나타나면 새끼 사향소들을 중심으로 둥그렇게 똘똘 뭉쳐서, 절대 뚫리지 않는 방어 대형을 만들지. 번식기가 되면 수컷 사향소의 몸에서 암컷을 유혹하는 특이한 향이 뿜어져 나오는데, 그걸 '사향'이라고 불러.

사향의 다른 이름은 '머스크'. 향수에도 많이 쓰여.

그리고 새로운 대륙에는 더 특이한 동물들이 우리를 기다리고 있었지.

위험도 낮음 ●○○○

말, 코끼리, 코뿔소, 멧돼지 등등…. 온갖 지구 동물을 한데 섞어 놓은 듯한 모습의 <u>맥</u>은 무려 2천만 년 전 지구에 처음 나타났어. 그리고 그 시절의 모습을 거의 그대로 간직한 채로 지금까지 살아남았지.
살아 있는 화석이라고나 할까?
맥은 물을 정말 좋아해. 갓 태어난 새끼도 선수 뺨치는 수영 실력을 자랑하지. 하지만 아무리 귀여워도 같이 수영하지는 마. 가끔 물속에서 똥을 누기도 하니까!

위험도 보통 ●●○○

이번엔 몸길이 약 3.5미터에 몸무게는 2톤이 넘는 <u>글립토돈</u>을 소개할게.
글립토돈의 몸은 머리부터 꼬리까지 1,800여 개나 되는 작고 단단한 뼈로 갑옷처럼 뒤덮여 있었어. 덕분에 날카로운 이빨을 지닌 맹수도 글립토돈을 쉽게 공격하지 못했지.
그래서 아주 옛날에는 지구 두 발 생명체들이 글립토돈의 등껍질 속에 몸을 숨기기도 했을 거라고 추측돼.

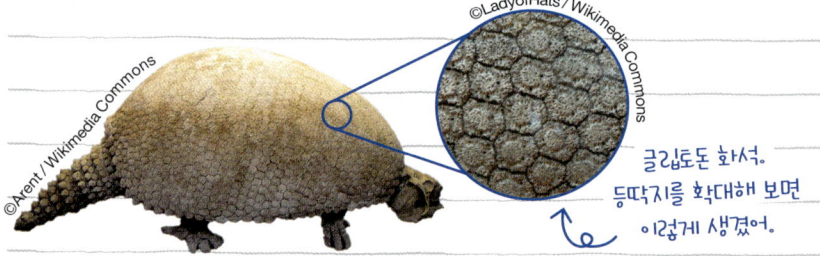

글립토돈 화석. 등딱지를 확대해 보면 이렇게 생겼어.

위험도 낮음 ●○○○

낙타는 먹이에서 얻은 에너지를 지방으로 만들어 등의 혹에 저장했다가, 먹이가 부족할 때 다시 분해해 에너지로 써. 덕분에 최대 5개월 동안 아무것도 먹지 않고도 살 수 있지. 게다가 콧구멍을 자유자재로 여닫아 몸의 수분이 빠져나가는 걸 막을 수도 있어. 이 경이로운 생명력! 아우레에 데려가고 싶은데?

위험도 보통 ●●○○

나무를 타는 게 아니라 땅 위를 기어다니는, 엄청 큰 나무늘보가 있다면 딱 이 녀석 같은 모습일 거야. **땅늘보**는 워낙 종류가 많아서, 몸길이가 1미터밖에 안 되는 자그마한 녀석부터 매머드만 한 녀석까지 크기가 아주 다양했어. 크기만큼 생활 방식도 각양각색이었지. 어떤 종은 바닷속에서 해초를 먹었고, 또 어떤 종은 앞발에 달린 긴 발톱으로 땅굴을 파서 지내기도 했어.

브라질에서 발견된 땅늘보의 굴. 높이 3미터에 깊이는 10미터나 돼! 엄청 큰 땅늘보의 집이었나 봐.

호모 사피엔스

만난 시기: 2만 년 전~5천 년 전   뇌 용적: 약 1,450cc

이 시대 **호모 사피엔스**들이 사는 환경은 그야말로 최악이야!
기온이 낮아지며 지구가 얼음으로 뒤덮이는 **빙하기**가 왔기 때문이지.
물론 주기적으로 찾아오는, 빙하기 사이사이의 비교적 따뜻한 시기인 **간빙기**
때문에 이 빙하기도 언젠가 끝나겠지만 말이야.

잠깐, 빙하기와 간빙기가 존재하는 원인을 모르겠다고?
그 비밀을 풀려면 **공전, 자전** 그리고 **밀란코비치 주기**를 알아야 해.
지구가 태양 주위를 도는 게 공전, 제자리에서 빙글빙글 도는 게 자전인 건 알지?
밀란코비치 주기는 지구 과학자 밀란코비치가 발견한, 빙하기와 간빙기를 만드는
공전과 자전의 세 가지 규칙인데… 여기부턴 좀 어려우니 각오 단단히 해!

① 지구 공전 궤도의 변화: 약 10만 년에 한 번

지구의 공전 궤도는 반듯한 원이 아니라 찌그러진 타원 모양이야.
게다가 이 궤도는 조금 더 찌그러졌다가 원에 가까운 모양이 되기를 반복하지.

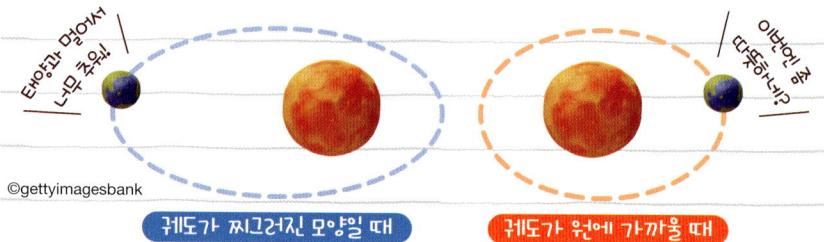

이렇게 지구와 태양 사이의 거리가 멀어지기도 가까워지기도 하면서,
지구의 기후가 변화하는 게 첫 번째 원인이야.

② 지구 자전축 각도의 변화: 약 4만 1천 년에 한 번

지구는 태양 주위를 공전하는 것과 동시에 자전축을 중심으로 매일 한 바퀴씩 자전해. 자전축은 약 23.5° 기울어져 있어서 계절 변화를 만드는 역할을 하는데, 주기적으로 22.1°에서 24.5°까지 기울기가 변하지.
자전축 기울기에 따라 햇빛을 받는 정도도 달라져서, 기울기가 클 땐 여름과 겨울의 기온 차가 크고, 기울기가 작을 땐 기온 차가 작아져.

자전축이 덜 기울어지면
여름은 시원~ 겨울은 따뜻~
연교차가 작아져.

자전축이 더 기울어지면
여름은 덥고 겨울은 추워!
연교차가 커져.

③ 지구의 세차 운동: 약 2만 6천 년에 한 번

팽이가 돌 때 좌우로 이리저리 흔들리는 거 본 적 있어? 지구도 팽이와 비슷해. 자전하는 힘 때문에 한쪽으로 기울어져 있던 자전축이 시간이 지나며 반대편으로 방향을 바꾸지. 이 현상을 '세차 운동'이라고 해.
중요한 건 세차 운동 때문에 지구의 공전 궤도상에서 여름과 겨울이 오는 위치가 계속 바뀌어서, 태양과 가까운 여름과 먼 겨울, 태양과 먼 여름과 가까운 겨울이 반복되며 기후가 변한다는 거! 북반구를 기준으로 설명하자면 이런 식이야.

덜 더운 여름 | 덜 추운 겨울 | 더 추운 겨울 | 더 더운 여름

빙하기는 이 세 주기가 절묘하게 맞물린 결과물이고!

이걸 알아내다니, 밀란코비치도 나 같은 천재?

과거의 기후는 어떻게 알 수 있을까?

수만 년 전 기후를 알 수 있는 비결은 바로 빙하 속의 산소에 있어.
산소 동위 원소 비율 분석법이란 건데, 그 원리를 최대한 간단하게 알려 줄게.

바닷물이 햇볕에 증발해서 구름이 되고,
그 구름이 다시 비나 눈이 되어 내리는 건 알지?
바닷물과 수증기, 비와 눈은 모두 물 분자로 이루어져 있어.
물 분자는 산소와 수소가 만나 만들어지고 말이지.
즉, 바다와 구름과 비와 눈에는 모두 산소가 들어 있다~ 이 말씀.

산소 중에는 비교적 가벼운 산소(^{16}O)와 무거운 산소(^{18}O)가 있어.
가벼운 산소는 추운 날에도 잘 증발되지만, 무거운 산소는 날이 충분히 따뜻해야
증발될 수 있어. 그러니 따뜻한 날엔 두 산소가 고루 든 수증기가 만들어지고,
추운 날엔 가벼운 산소만 많은 수증기가 만들어지지. 그 수증기가 구름이 되고,
그 구름이 극지방에 가 눈으로 내리면 그것이 층층이 쌓여 빙하가 돼.

빙하 코어는 이렇게 생겼어.

이렇게 오랜 시간에 걸쳐 만들어진 빙하를 세로로 길게
채취해 보면(이걸 '빙하 코어'라고 해.) 얼음 결정 사이사이에
과거의 산소가 갇혀 있는데, 이 산소를 분석해 가벼운
산소와 무거운 산소의 비율을 측정하는 거야.

요약! 따뜻한 시기의 빙하에는 가벼운 산소도 많고, 무거운 산소도 많다.
추운 시기의 빙하에는 가벼운 산소는 많고, 무거운 산소는 적다.

그런데 호모 사피엔스의 문제는 추위만이 아니었어. 진짜 문제는 식량 부족이었지.

빙하기엔 바닷물도 차가워져 증발이 잘 일어나지 않기 때문에, 비가 잘 오지 않는 건조한 기후가 되지. 그러면 식물이 잘 자라지 않는 환경이 돼.
빙하기가 시작되고 초식 동물들은 풀이 있는 곳을 찾아 이동하기 시작했어.
초식 동물을 잡아먹는 육식 동물들도, 호모 사피엔스들도 자연스럽게 그 뒤를 따라가게 되었지. 아주 많은 시간을 들여 조금씩 조금씩….

이때 아주 중요한 사건이 하나 일어나.
약 1만 5천 년 전, 그들이 지금껏 가 보지 못한 **새로운 대륙**에 가게 된 거야.
바로 여기를 통해서 말이야.

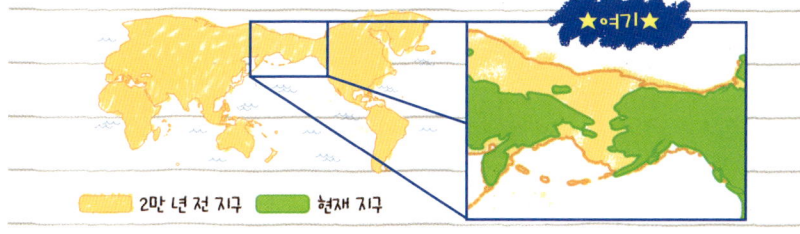

이곳의 이름은 **베링 육교**. 수만 년 전까지만 해도 바다로 막혀 있는 해협이었어.
그런데 약 11만 년 전부터 서서히 찾아온 빙하기 때문에 바닷물이 얼어 해수면이 낮아지면서, 바다에 가려져 있던 땅이 드러났지.
덕분에 생명체들이 두 대륙을 오갈 수 있게 된 거야.

비록 저곳이 새로운 땅으로 가는 통로인 걸 알고 간 것은 아니었지만,
지구 전체에 호모 사피엔스가 퍼지게 해 준 아주 중요한 사건이었어.

이 시대 호모 사피엔스들은 특별한 흔적들도 남겼어. 뭐였냐면….

포근한 우리 집, 매머드 뼈 움막집

2만여 년 전, 사냥감을 따라 계속 이동해야 했던 호모 사피엔스들의 가장 큰 고민 중 하나는 바로 집이었을 거야. 낯선 장소에서 매번 괜찮은 동굴을 찾는 건 쉬운 일이 아니었을 테니까.
그래서 그들은 사냥한 매머드의 상아와 뼈, 나무를 지름 5~6미터 정도로 둥글게 배치해 기틀을 잡고, 그 위에 가죽을 지붕으로 얹어 임시 거처를 만들었지.

우크라이나 메지리치 유적을 재현해 봤어. 빙하기의 칼바람을 막기엔 나쁘지 않더군.

보글보글 지글지글, 토기

중국 시안렌 동굴에서 발견한 약 2만 년 된, 지구 최초의 토기 조각에 불에 그을린 흔적이 남아 있었어. 호모 사피엔스들이 토기를 불 위에 두고 요리에 사용했다는 증거랄까? 토기 속 음식 맛은 어땠냐고? 그런 건 라세티한테나 물어봐!

시안겐 동굴 토기 조각들을 조립한 거야.

한반도에서 온 호모 사피엔스

탐험가 만다르의 고향은 '한반도'라는 곳이래.
사실 한반도엔 호모 사피엔스의 흔적이 많지 않아. 그렇지만 간간이 발견되는 유골과 도구는 한반도에도 호모 사피엔스가 살았음을 확실하게 보여 주지. 약 1만 5천 년 전의 평양 만달리 유골도 그 증거야. 아래턱뼈와 두개골 일부뿐이지만, '만달인'이라는 이름을 얻고 어엿한 한반도 호미닌으로 인정받았지.

내가 바로 만달인!

그리고 이들의 여정을 내내 함께한 새로운 동료가 있었지.
바로 만다르가 데려온 마을 늑대, 아니 **개**들 말이야.

개는 늑대와 닮긴 했어도 자세히 들여다보면 그 차이가 느껴져.
(내가 라세티도 알 수 있게 정리해 뒀지.)

개와 늑대의 유전자 차이는 단 0.04%!
사실, 개는 출현한 지 약 4만 년밖에 안 됐어. 이전까지 세상엔 늑대뿐이었지.
그러다 어느 날 무리에서 버림받은 새끼 늑대가 호모 사피엔스의 손에 길러졌고,
늑대가 대를 거쳐 점점 **가축화**되면서 지구 최초의 가축, 개가 탄생했지.

잠깐! 오해할까 봐 말해 두는데, 호모 사피엔스와 개는 일방적으로 명령하고
따르기만 하는 사이가 아니야. 호모 사피엔스는 개에게 안전한 보금자리와 먹이를
제공하고 개는 사냥을 돕거나 호모 사피엔스를 안전하게 지켜 주니,
둘은 **서로 협력하는 관계**인 셈이지.

지구 동물 실종 사건의 전말

5천 년 전으로 시간 이동을 하고 보니, 지구는 완전히 뒤바뀌어 있었지. **빙하기가 끝나** 베링 육교가 다시 해협이 된 건 물론이고, 눈밭을 가득 메웠던 동물들까지 휭하니 사라져 버렸거든.

4만 년 전부터 4천 년 전까지, 지구 전체에서 **약 34%**나 되는 동물 종이 사라졌고, 그중에서도 특히 1만 5천 년 전부터 1만 년 전 사이 거대 동물의 멸종이 심각했어. 이 **빙하기 멸종** 사건의 범인은 대체 누굴까?

용의자 ① 호모 사피엔스

당연히 범인은 호모 사피엔스지! 멸종한 동물 중 호모 사피엔스와 만나고 얼마 안 돼 사라진 동물이 얼마나 많은데! 호모 사피엔스가 지나치게 사냥해서 그런 게 틀림없어!

용의자 ② 기후 변화

아니, 범인은 기후일지도 몰라. 1만 5천 년 전부터 1만 년 전까지 지구의 온도는 무려 6℃나 상승했어. 게다가 여름은 더 덥고, 겨울은 더 추워졌지. 이건 극심한 기후 변화에 적응하지 못해서 동물들이 죽어 버린 거야.

용의자 ③ 전염병

범인은 바로 병균과 바이러스야! 베링 육교를 통해 호모 사피엔스와 동물들이 이사할 때 병균도 함께 이동했고, 이에 면역이 없던 동물들이 속수무책으로 당할 수밖에 없었을 거야.

용의자 ④ 포식자들의 경쟁

베링 육교가 두 대륙을 연결하면서 새로운 포식자들이 들어오는 바람에 먹이 경쟁이 심해졌던 건 아닐까? 결국 포식자끼리 싸우다가 모두 멸종한 거지.

이 사건은 진범이 아직 밝혀지지 않은 미해결 상태야.
범인이 하나인지, 둘인지, 혹은 엄청나게 많은지 아무도 알지 못하지.
다음에 시간이 나면 너희 의견도 들어 보고 싶군.

☆ ☆ ☆

이렇게 정리해 놓으니 괜히 뿌듯한걸.
키벨레에 있던 시절 생각도 나고….
쳇, 그렇다고 그때가 그립다는 건 아냐!
얼른 아우레로 돌아가서 빠다의 관장 자리를 빼앗고 싶을 뿐.

이제 쿠를 찾을 기회는 단 한 번!
그 기회를 날리면 영원히 아우레를
원래 모습으로 돌려놓을 수 없을 거야.

쿠는 정말로 라세티가 말한 곳에 있을까?
끄응… 꿈처럼 비이성적인 걸 믿어야 한다니!
차라리 이게 꿈이라고 해 줘!

☆ ☆ ☆

쿠, 만나면 가만 안 둬!

정재승의 인류 탐험 보고서

8 대륙의 탐험가 호모 사피엔스

글   차유진 정재승
그림 김현민
감수 백두성
사진 전곡선사박물관, CPRM, getty images bank, NASA, Wikimedia Commons

1판 1쇄 발행 2024년 3월 20일
1판 3쇄 발행 2025년 8월 26일

펴낸이 김영곤 **펴낸곳** ㈜북이십일 아울북
기획개발 문영 정유나 **프로젝트 4팀** 김미희 이해인 **디자인** 한성미
영업팀 정지은 한충희 남정한 장철용 강경남 황성진 김도연 이민재
제작 이영민 권경민

출판등록 2000년 5월 6일 제406-2003-061호
주소 (10881) 경기도 파주시 회동길 201(문발동)
대표전화 031-955-2100 **팩스** 031-955-2177
홈페이지 www.book21.com

© 정재승·김현민·차유진, 2024
이 책을 무단 복사·복제·전재하는 것은 저작권법에 저촉됩니다.

ISBN 978-89-509-9657-4 74400
ISBN 978-89-509-9649-9 74400 (세트)

책값은 뒤표지에 있습니다.
잘못 만들어진 책은 구입하신 서점에서 교환해 드립니다.

• 제조자명 : ㈜북이십일
• 주소 및 전화번호 : 경기도 파주시 문발동 회동길 201(문발동) / 031-955-2100
• 제조연월 : 2025.8.26.
• 제조국명 : 대한민국
• 사용연령 : 3세 이상 어린이 제품

너와 나, 우리들의 마음을 이해하게 도와줄
첫 번째 뇌과학 이야기
정재승의 인간 탐구 보고서 (1~17권)

❶ 인간은 외모에 집착한다
❷ 인간의 기억력은 형편없다
❸ 인간의 감정은 롤러코스터다
❹ 사춘기 땐 우리 모두 외계인
❺ 인간의 감각은 화려한 착각이다
❻ 성은 우리를 다르게 만든다
❼ 인간은 타고난 거짓말쟁이다
❽ 불안이 온갖 미신을 만든다
❾ 인간의 선택은 엉망진창이다
❿ 공감은 마음을 연결하는 통로
⓫ 인간을 울고 웃게 만드는 스트레스
⓬ 인간은 누구나 더없이 예술적이다
⓭ 인간은 모두 호기심 대마왕
⓮ 인간, 돈의 유혹에 퐁당 빠지다
⓯ 소용돌이치는 사춘기의 뇌
⓰ 사랑은 마음을 휘젓는 요술 지팡이
⓱ 음식, 인간의 마음을 요리하다

인류의 과거와 현재를 이어 줄
아우린들의 시간 여행!
정재승의 인류 탐험 보고서 (1~10권)

완간

❶ 위대한 모험의 시작
❷ 루시를 만나다
❸ 달려라, 호모 에렉투스!
❹ 화산섬의 호모 에렉투스
❺ 용감한 전사 네안데르탈인
❻ 지구 최고의 라이벌
❼ 수군수군 호모 사피엔스
❽ 대륙의 탐험가 호모 사피엔스
❾ 농사로 세상을 바꾼 호미닌
❿ 안녕, 아우레 탐사대!

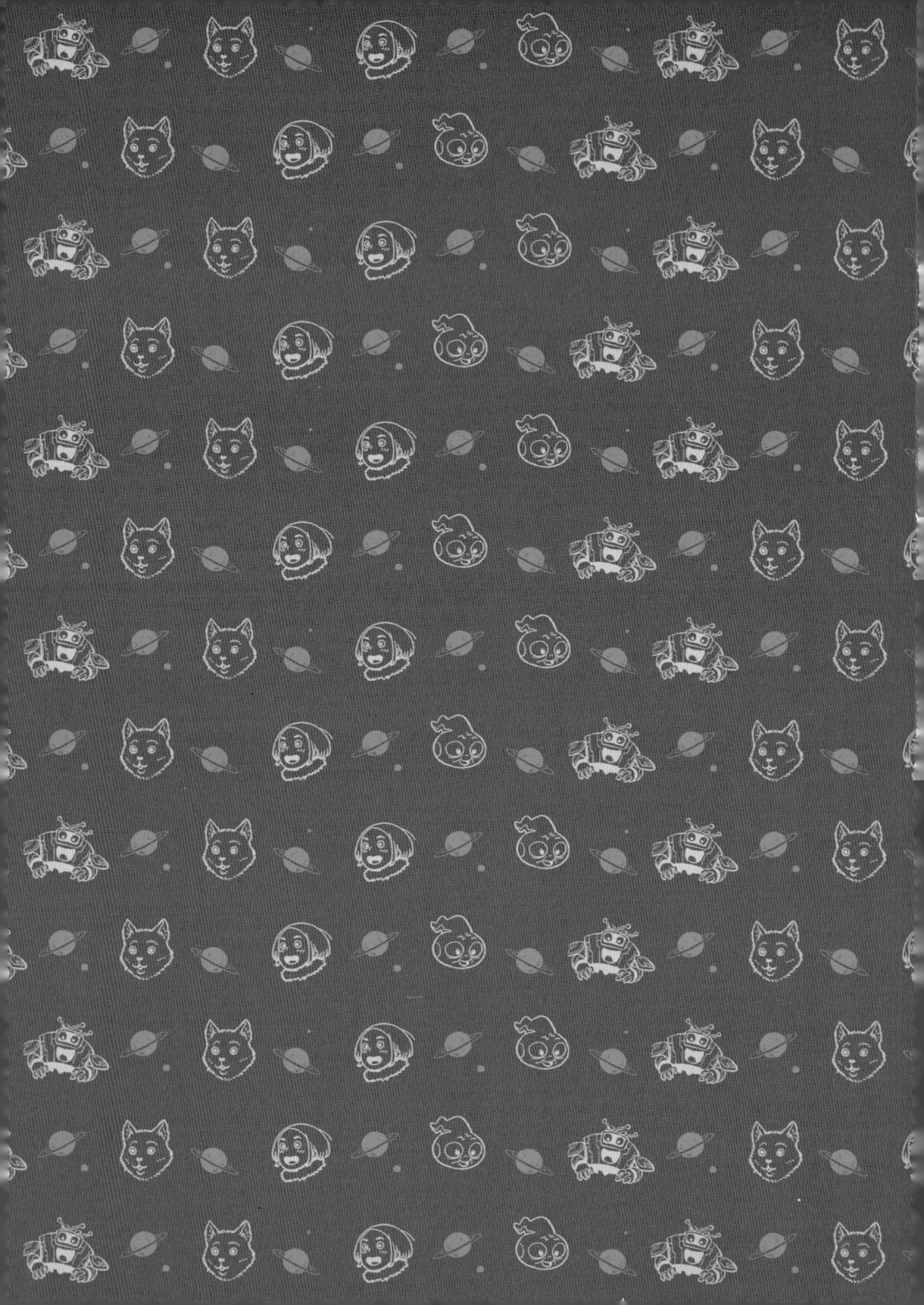

너와 나, 우리들의 마음을 이해하게 도와줄
첫 번째 뇌과학 이야기
정재승의 인간 탐구 보고서 (1~16권)

❶ 인간은 외모에 집착한다
❷ 인간의 기억력은 형편없다
❸ 인간의 감정은 롤러코스터다
❹ 사춘기 땐 우리 모두 외계인
❺ 인간의 감각은 화려한 착각이다
❻ 성은 우리를 다르게 만든다
❼ 인간은 타고난 거짓말쟁이다
❽ 불안이 온갖 미신을 만든다
❾ 인간의 선택은 엉망진창이다
❿ 공감은 마음을 연결하는 통로
⓫ 인간을 울고 웃게 만드는 스트레스
⓬ 인간은 누구나 더없이 예술적이다
⓭ 인간은 모두 호기심 대마왕
⓮ 인간, 돈의 유혹에 풍덩 빠지다
⓯ 소용돌이치는 사춘기의 뇌
⓰ 사랑은 마음을 휘젓는 요술 지팡이

인류의 과거와 현재를 이어 줄
아우린들의 시간 여행!
정재승의 인류 탐험 보고서 (1~10권)

 완간

❶ 위대한 모험의 시작
❷ 루시를 만나다
❸ 달려라, 호모 에렉투스!
❹ 화산섬의 호모 에렉투스
❺ 용감한 전사 네안데르탈인
❻ 지구 최고의 라이벌
❼ 수군수군 호모 사피엔스
❽ 대륙의 탐험가 호모 사피엔스
❾ 농사로 세상을 바꾼 호미닌
❿ 안녕, 아우레 탐사대!

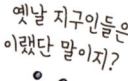

뇌가 말랑해지는 시간 1 108쪽 정답

A. 18시간
B. 3번
C. 100억
D. 5가지 (커피, 샌드위치, 핫도그, 음료수, 김밥)

금고 비밀번호 = (18 + 3) x 100 - 5 = **2095**

정재승의 인간탐구보고서

10 공감은 마음을 연결하는 통로

기획 정재승 | **글** 정재은 이고은 | **그림** 김현민
사진 getty images bank | **배경설계자** 김지선

1판 1쇄 발행 2022년 10월 19일
1판 6쇄 발행 2025년 5월 1일

펴낸이 김영곤 **펴낸곳** ㈜북이십일 아울북
기획개발 문영 이신지 **프로젝트4팀** 김미희 정유나 **디자인** 김단아
마케팅팀 남정한 나은경 한경화 권채영 전연우 최유성
영업팀 한충희 장철용 강경남 황성진 김도연
제작 이영민 권경민

출판등록 2000년 5월 6일 제406-2003-061호
주소 (10881) 경기도 파주시 회동길 201(문발동)
대표전화 031-955-2100 팩스 031-955-2177 홈페이지 www.book21.com

ⓒ 정재승·김현민·정재은·이고은, 2022
이 책을 무단 복사·복제·전재하는 것은 저작권법에 저촉됩니다.

ISBN 978-89-509-8316-1 74400
ISBN 978-89-509-8306-2 74400 (세트)

책값은 뒤표지에 있습니다.
잘못 만들어진 책은 구입하신 서점에서 교환해 드립니다.

- 제조자명 : ㈜북이십일
- 주소 및 전화번호 : 경기도 파주시 문발동 회동길 201(문발동) / 031-955-2100
- 제조연월 : 2025.5.1.
- 제조국명 : 대한민국
- 사용연령 : 3세 이상 어린이 제품

지구 탐사대의 귀환…
지구 이주 시작될까

▲ 지구 탐사대의 대원들.
왼쪽부터 오로라, 아싸, 바바, 라후드.

지구로 파견되었던 탐사대가 임무를 마치고 곧 아우레로 복귀할 예정임. 행성 지도부, 파타냐 탐사대, 지구 탐사대가 전부 모여 최종 이주할 행성을 결정하기 위해서임. 지구 탐사대 귀환 임무에는 조종사 제레미가 투입됨.

그러나 우주 비밀 통신이 입수한 정보에 따르면, 지구 탐사대 일부가 귀환을 거부했다고 함. 지도부는 이에 관해 공식적인 입장을 내놓지 않고 있음.

추루룩 기자

[특집] '시간 감옥'이 뭐길래?
시간 감옥의 모든 것 전격 분석!

실종되었던 sF-019 탐사대, 일명 '파타냐 탐사대'가 250년 만에 무사히 아우레로 복귀함.

탐사대는 아우레와의 교신 실패 원인이 웜홀에서 시간이 멈추는 현상인 '시간 감옥'이었다고 밝힘.

파타냐 탐사대를 위험에 빠뜨린 시간 감옥이 무엇인지, 시공간 항해 전문가 푼리따 박사와 함께 자세히 분석해 보았음.

샤리무 기자

6쪽에서 계속 ▶

광고

지구 탐사대가 선택한 바로 그 슈트!
지구인이 가장 사랑하는 바로 그 슈트!

· 아무것도 입지 않은 듯한 편안함!
· 민감한 젤리 피부에도 자극 없는 부드러움!
· 진짜 지구 강아지 같은 자연스러움!

새로운 지구 문화를 체험하고 싶다면?

☎ 0ㅏᴈㅌ-XΔ☼ ☎

👆 지금 바로 구매하기 👆

털북숭이 버전도 있음!

아우레력 7386년 8월 60일

AURE NEWS

아우레 뉴스

불법 지구 이주 추진 단체 발각, 회장은 지도부?

▲ 불법 지구 이주 계획을 세운 '지구 이주 추진 비밀 본부'의 밀회 현장. 가운데 젤리족 아우린이 도주 중인 스피.

불법으로 지구 이주를 추진하려던 '지구 이주 추진 비밀 본부(지추본)'가 지도부에 발각됐음.

'지추본'은 젤리족 아우린으로 구성된 불법 조직으로, 건조한 아우레 대신 축축한 물의 행성, 지구에서 살기 위해 지구인 제거 계획을 세우고 있던 것으로 조사됨.

조사 결과, '지추본'의 회장이 아우레 지도부원인 루나로 밝혀져 더욱 충격을 안겨 주고 있음. 루나는 지구로 파견된 탐사대를 돕기 위해 직접 지구 탐사에 자원해 최근 '가장 존경하는 아우린 TOP 20'에 선정되기도 했음.

현재 루나는 지구에서 연락 두절 상태이며, '지추본' 회원 중 스피가 홀로 도주 중임. 지도부는 두 아우린을 찾기 위해 총력을 기울이고 있음.

붙잡힌 '지추본' 회원들에게 어떤 처벌이 내려질지에 대해 온 아우린들의 관심이 쏠리는 중.

기기 기자

특별 기획 '지구 vs 파타냐' 4쪽에서 계속 ▶

네! 마지막 답변까지 받았으니 인터뷰는 여기서 마치겠습니다.
모두 협조 감사합니다.
자, 그럼 아우레에 가실 분은 모두 우주선에
탑승해 주시기 바랍니다.

 라후드 씨, 내가 돌아오면 꼭 이 은혜 갚을게요.
조금만 기다려요.

 라후드 님, 이 지구인을 끌어내고 아우레로 갈 마지막
기회입니다. 정말 돌아가지 않으실 건가요?

 아까도 말했듯이, 아우린은 절대 후회하지 않아!
걱정하지 말고 얼른 가!

 그렇다면 알겠습니다!
탑승객 여러분, 미나레스 웜홀을 통과하는 동안에는
안전벨트를 꽉 조여 주세요!
그럼 출발~!

얘들아,
잘 가~!

자, 어느덧 마지막 질문이네요. 라후드 님께서 답해 주시면 되겠습니다.
참! 이번 질문은 모든 게 거꾸로인 거꾸거우르족이 보낸 거라, 질문도 거꾸로 읽어야 한답니다.

5Q

?임획계 할 게떻어 서에구지 로으앞 ,데는했정결 로기남 에구지

리러미

 앞으로의 계획? 그런 건 없어!

 뭐라고?! 라후드, 아무 대책도 없이 지구에 남는 것은 너무 위험하다!

 지금 아우레가 더 간절한 건 나보다 보스잖아. 계획은 없지만… 이것 또한 위대한 모험의 시작이자, 외계 문명 탐구의 일환이라고 생각한다면 못 할 건 없지! 별일이야 있겠어? 내가 타고 돌아갈 우주선 보내는 거나 잊지 말라고!

 라후드 씨, 고마워요….

 (이 녀석을 이대로 두고 가도 되는 것인가….)

큼큼, 잠시 화제를 벗어났군요.
아싸 님께 같은 질문을 다시 드려 보겠습니다.

>
> (아싸를 좋아하는 수많은 아싸팬을 두고)
> 지구를 떠나는 소감은 어떤가?
>
> 고루룩 + new! 제레미의 추가 질문

 왜 이런 쓸데없는 질문을 하지? 당연히 속이 뻥 뚫린 것처럼 시원하다. 시도 때도 없이 나타나는 아싸팬 때문에 정체를 들킬 뻔한 것이 한두 번이 아니니까!
그뿐만 아니라 매일 귀찮게 따라다닌 써니와 그걸 질투하는 준, 나를 생선알이라고 어린아이 취급하는 생선파, 걸핏하면 외계인으로 의심하는 유니와 루이까지…!
그들과 함께하는 지구 생활은 긴장의 연속이었다.
이제 지구를 떠나게 되었으니 더할 나위 없이 편안하다.

 맞는 말이다.

 그래도 난 지구를 떠나면 가끔 이 시끌벅적한 행성이 그리울 것 같아.

Q3

지구를 떠나는 소감은 어떤가?

고루룩

 그 질문에는 아무래도 내가 답해야겠네요.

 지구인에게 한 질문이 아닌데요?! 그냥 다른 분이….

 먼저, 외계 생명체의 우주선에 탑승한 것이 두근대고 떨리는군요. 이런 순간이 올 거라고는 생각도 못 했어요. 평소에 좋은 일을 많이 한 것이 운의 비결인 것 같습니다. 또, 샤포인들을 만나 제 피부를 되찾을 생각에 설렙니다. 피부가 돌아오는 날엔 성대한 연회를 열 생각입니다. 어떤 음식을 차릴지는 좀 더 생각해 봐야겠군요….

 (막무가내 지구인이 내 말을 무시했어…!)
연회라면 당연히 루시도르도르를 내야지요.

 루시도르도르. 아우레의 별미지.

 루시도르도르는 나도 좋아한다. 고향의 맛이다.

 알약 하나면 충분할 것을. 호들갑 떨지 마라.

Q1
정말 지구 음식은 다 끔찍한가? 아우린들이
지구로 이주하게 되면 지구 음식을 먹어야 할 텐데,
그나마 괜찮은 음식을 추천한다면?

마니머군

 윽, 지구 음식은 생각만 해도 싫다. 괜찮은 걸 굳이 고르자면
생채소 정도? 그중에서도 오이와 토마토는 먹을 만하다.
가장 많이 먹은 음식은 떡볶이지만, 정말 최악이다. 특히
떡볶이 국물에 순대라는 음식을 찍어 먹을 땐… 웩!

 난 다 맛있던데, 으흐흐. 하지만 역시 탕탕면이 최고지!

Q2
엔찌니어 빠빠는 찌꾸에서 만뜬 빨명품 쭝
까짱 마음에 뜨는 껏이 무엇인찌 알려 쭈낄 빠람.

꾸뿔레

 외계 방사선 차단 배지다. 외계 방사선 완벽 차단은 거의
불가능하다. 또, 그런 고성능 도구를 그렇게 작게 만드는 것은
불가능에 불가능을 곱하는 일이지. 외계 방사선 차단 배지는
그 두 가지 불가능을 모두 실현한 훌륭한 작품이다.

한밤중의 외계인 인터뷰

 지구 임무를 마치고 아우레로 복귀하게 된 탐사대 여러분, 환영합니다. 저는 여러분의 귀환을 도울 조수 제레미입니다.

 쓸데없는 말은 그만하고 출발하지.

 잠깐! 우주선에 타기 전에 할 일이 있습니다. 여러분이 보낸 지구 보고서를 보고 아우레에 지구 열풍이 분 건 아시지요? 그런데 지구에 대한 궁금증이 점점 심해져서, 머리에 쥐가 나는 '지구 궁그망 증후군'이 퍼지고 있습니다.

 뭐?! 그거 큰일이잖아!

 맞습니다. 그래서 지도부는 여러분을 만나는 즉시! 아우린들이 가장 궁금해하는 질문을 뽑아 그에 대한 답변을 전송하라고 명령했습니다.

 귀찮지만… 아우레를 위한 일이니 협조하지.

 네! 그럼 지금부터 질문드리겠습니다.

한밤중의 외계인 인터뷰 아우레 뉴스

호기심 넘치는 아우린들의
지구 궁금증은 아직 끝나지 않았다.
아우레로 전송하지 못한
아우린들의 이야기!
그리고 아우레에서 쏟아지는 소식들까지!

이 책을 만든 사람들

정재승 기획

KAIST에서 물리학으로 학사, 석사, 박사 학위를 받았습니다. 예일대학교 의과대학 정신과 박사후 연구원, 고려대학교 물리학과 연구교수, 컬럼비아대학교 의과대학 정신과 조교수를 거쳐, 현재 KAIST 뇌인지과학과 교수로 재직 중입니다. 우리 뇌가 어떻게 선택을 하는지 탐구하고 있으며, 이를 응용해서 로봇을 생각만으로 움직이게 한다거나, 사람처럼 판단하고 선택하는 인공지능을 연구하고 있습니다. 쓴 책으로는 <정재승의 과학 콘서트>(2001), <열두 발자국>(2018) 등이 있습니다.

정재은 글

프로젝트를 진행하는 동안 때로는 아싸로, 때로는 라우드로, 때로는 오로라나 바바로 끊임없이 정신을 분리하며 도서 전체의 스토리를 진행했습니다. 가 본 적 없는 아우레 행성과 직접 열어 본 적 없는 지구인의 뇌를 스토리 속에 엮어 내기 위해 엄청 열심히 공부를 해야 했습니다. 쓴 책으로 <똥핑크 유전자 수사대> <멘델 아저씨네 완두콩 텃밭> <미스터리 수학유령> 시리즈 등 다수의 어린이 책이 있습니다. 머릿속 넓은 우주가 어디로 펼쳐질지 모르는 창의력 뿜뿜 스토리텔러.

김현민 그림

일찍이 유럽으로 시장을 넓힌 대한민국의 만화가. 대학에서 산업디자인을 전공한 뒤 어릴 때 꿈을 찾아 만화가가 되었습니다. 프랑스 앙굴렘 도서전에 출품한 것을 계기로 프랑스 출판사에서 <Archibald 아치볼드>라는 모험 만화를 만들고 있습니다. 인간이 아닌 괴물이나 신기한 캐릭터 등 상상력을 발휘할 수 있는 그림을 좋아합니다. 몸은 지구에서 벗어날 수 없지만, 머릿속은 항상 우주의 여행자가 되고 싶은 히치하이커.

이고은 글

지구인들의 심리를 과학적으로 설명해서 보여 주는 것이 취미이자 특기인 인지심리학자. 부산대학교에서 심리학으로 학사, 인지심리학으로 석사와 박사 학위를 받은 뒤, 강의와 연구를 하고 있습니다. 과학 웹진 <사이언스 온>에서 '심리실험 톺아보기' 연재를 시작으로 각종 매체에 심리학을 소개해 왔으며, <마음 실험실>(2019), <심리학자가 사람을 기억하는 법>(2022)을 펴낸 과학적 스토리텔링의 샛별.

라후드는 결연하게 말했다.

"내 자리를 양보할게. 그 대신 오로라, 아우레에 도착하면 내가 타고 갈 우주선을 보내 줘. 꼭이야!"

라후드의 선택은 너무나도 어리석고 비이성적이었다. 오로라는 다시 한번 확인했다.

"이건 정말 어리석은 선택이다. 라후드, 후회 안 하겠어?"

"훌륭한 아우린은 후회하지 않아. 어서 출발해. 12시가 넘었어. 보스, 어서 우주선에 타요."

라후드는 보스에게 손은 흔들었다. 보스의 눈에 눈물이 차올랐다. 보스는 라후드를 힘껏 안아 주고 우주선에 올랐다.

아우레 우주선은 아우린을 남기고, 지구인은 태운 채 머나먼 아우레 행성으로 떠났다.

절망한 보스는 순식간에 팍삭 더 늙어 보였다. 라후드는 어떻게든 보스를 돕고 싶었다. 하지만 오로라는 냉정하게 명령을 내렸다.

"바바, 보스 제거."

바바는 지구인 기억 제거 장치를 들고 보스에게 다가왔다. 보스는 바바가 자신을 해치려는 것으로 오해했다.

"인생을 바꾸려고 여기까지 왔는데, 이것이 내 인생 최악의 선택이었군. 이렇게 지구에서 영영 사라져야 하나?"

보스는 아우린들을 때려눕혀서라도 도망쳐야 할지, 모든 것을 포기한 사람처럼 제거당해야 할지, 판단을 내리지 못했다. 그때 라후드가 보스의 손을 덥석 잡고 말했다.

"맞아. 아우린의 정체를 보스에게 들켰으니 보스는 지구에서 제거당해야 해. 그게 아우린의 의무예요."

"라후드 씨도 어쩔 수 없는 외계인이군요. 지구인 제거에 거침이 없어."

보스는 라후드를 보며 씁쓸하게 말했다. 라후드는 고개를 끄덕였다.

"그러니 보스를 지구에서 제거해서 아우레로 보내 줄게요. 바바, 기억 제거 장치는 필요 없어. 오로라, 보스를 우주선에 태워 줘."

    라후드는 동작이 빠른 오로라보다 조금 더 빨리 몸을 던져 보스의 앞을 가로막았다.

    "안 돼, 오로라. 보스는 내가 초대했어."

    아우레 탐사대는 라후드의 말을 똑똑히 듣고도 믿지 않았다. 지구에 있는 동안 정체를 들키지 않기 위해 그토록 노력했는데, 마지막 순간에 지구인을 초대했다고? 그것도 외계인 추적자를? 너무 비이성적이잖아!

    "보스는 우리와 함께 아우레로 가고 싶대. 보스는 샤포인들에게 선물받은 주름 피부를 반납하고 원래 모습으로 돌아가기를 원해. 간절하게. 그래서 내가 아우레로 가자고 했어."

"전원 탑승."

오로라의 명령이 떨어졌다. 아싸와 바바는 냉큼 우주선에 올라탔다. 라후드는 무언가를 기다리는 듯 머뭇거렸다.

"잠깐만, 아직 12시가 안 됐다. 아우린은 약속을 정확히 지킨다. 나는 약속한 시각에 탄다. 나는 아우린이니까."

라후드는 계속 뒤를 돌아보며 횡설수설했다. 오로라는 비논리적인 라후드의 말과 행동에 수상함을 느꼈다.

"라후드, 꼭 12시에 출발해야 할 이유가 있나? 누구를 기다리나?"

"꼭 기다리는 건 아니지만 기다릴 수도 있고……."

라후드의 말이 끝나지도 않았는데, 바바가 우주선에서 튀어나왔다.

"루나를 기다리나? 비밀 요원 바바, 루나를 체포하겠다."

"루나가 아니야. 사실은……."

라후드가 진실을 털어놓으려는 순간, 보스가 달려왔다.

밤 12시 10분 전, 환한 보름달이 넓은 마당을 밝게 비추었다. 아우레 탐사대는 보석호텔 앞에 나란히 서서 하늘을 올려다보았다. 달빛이 밝았지만, 아우린들은 정체를 감추려고 애쓰지 않았다.

"우주선은 아직 안 왔나?"

라후드가 하늘을 쳐다보며 말했다.

그 순간, 눈앞에서 웅장한 초저주파음이 울렸다. 아우레 우주선이 투명한 막을 걷어 내고 서서히 그 모습을 드러냈다.

7

우주선이
도착했다